Construções Sociais de Aprendizagem

JOSÉ PACHECO

Construções Sociais de Aprendizagem

Tomo II
AUTONOMIAS

BAMBUAL
editora

COORDENAÇÃO EDITORIAL
Isabel Valle

CAPA E PAGINAÇÃO
Margarida Baldaia

ISBN 978-65-89138-59-4
1ª edição – Junho 2024

BAMBUAL
editora

www.bambualeditora.com.br

colabora@bambualeditora.com.br

Sumário

Raros serão os seres humanos que entendam a subtil sapiência dos pássaros. Mas eu sei que tu, querida Alice, compreenderás a lição. Sei que os teus pais te ensinaram a escolher caminhos. Imagino que os teus caminhos se hão-de cruzar com outros caminhos, com ou sem rotas definidas. Sei que, nos teus seis anos de idade, não estás condicionada por sentidos obrigatórios, nem contaminada pela vertigem das ultrapassagens. Saberás inventar venturosos mapas, respeitando os que optarem por inventar os seus. Esta ideia da divergência de percursos, sejam eles itinerários paralelos ou alternativos, é tão antiga como a imposição das veredas por onde correm à desfilada e em atropelo jovens pássaros aprendizes da perseguição de fugazes pódios e honrarias. O mais certo será que, nas tuas deambulações, vejas passar pequenos gansos recém-saídos do ovo, seguindo um homem como se fosse o pai-ganso. Um sábio chamado Lorenz fez essa experiência, e a Etologia diz-nos haver pássaros que seguem o bando que lhe trouxer maiores vantagens, ou que mudam de rumo, ao sabor das aragens.

em "Para Alice, com Amor"

Preâmbulo de uma conversa sobre autonomia

Falemos de autonomia, começando por uma estória exemplar.

No final de um ano letivo, com assiduidade plena e significativas aprendizagens realizadas, os alunos da escola de Monsanto "reprovaram por excesso de faltas". Eu sei que parece mentira, mas aconteceu. Os pais dos alunos tinham optado pelo ensino doméstico. Porém, no primeiro dia de aulas do ano letivo seguinte, os pais foram informados de que o ministério não reconhecia a avaliação dos alunos atribuída pelas docentes.

Havia quem tomasse decisões aparentemente suportadas na lei. A que faltas se referiram, se os alunos até estiveram dentro de um edifício a que o ministério chamava "escola"? À luz das ciências da educação, a expressão *"reprovar por excesso de faltas"* era uma obscenidade. Desfecho inevitável: as crianças passaram a ser transportadas para a sede do município, por imposição de gestores, que "achavam" que, em cada "ano letivo", elas deveriam padecer quatrocentas incômodas viagens, para passar cerca de mil horas no isolamento social de uma sala de aula.

Impunemente, se tomavam decisões sem fundamento científico, ou legal e, autoritariamente, as impunham. Entre os corredores do ministério e os prédios das escolas, a cidadania era cerceada e a democracia sofria maus-tratos. Tudo porque escasseava a... autonomia.

Há quase cem anos, Anísio nos disse:

> "Só existirá democracia no Brasil no dia em que se montar no país a máquina que prepara as democracias. Essa máquina é a da escola pública."

O mestre Freire com ele concordava, mas ia lançando avisos:

> "A prática docente, especificamente humana, é profundamente formadora, por isso, ética. Se não se pode esperar de seus agentes que sejam santos ou anjos, pode-se e deve-se deles exigir seriedade e retidão [mas] como esperar de uma administração de manifesta opção autoritária, que considere, na sua política educacional, a participação real dos e das que fazem a escola?

A minha amiga Carla foi incentivadora da redação e coautora de uma carta de princípios, onde se podia ler:

> "A educação, que prepara para a democracia deve se dar através de práticas não-autoritárias, que permitam a ampla participação de educandos, dos educadores, das famílias e da comunidade. Só é possível uma educação para a ação cidadã, se a educação for pela e na ação cidadã. As práticas educativas promotoras da liberdade, autonomia, respeito, responsabilidade, equidade e solidariedade, devem estar associadas aos princípios anteriores, para permitir que atinjamos o objetivo maior: a autorresponsabilização social".

Para Darcy Ribeiro, a crise da educação não era uma crise – era um projeto. Eu acrescentaria: nesse tempo, também era um caso de polícia. Ao impor a presença das crianças dentro de salas de aula, onde o constitucional direito à educação era negado a milhões de alunos, não se estaria a incorrer no crime de abandono intelectual? Quando, sem base científica ou legal, se ameaçava professores e pais, não se estaria a praticar assédio moral?

O decreto-Lei 55/18 abriu caminhos de mudança. O "plano de inovação", que essa lei propunha que se elaborasse, justificava-se por fazer cumprir os princípios e finalidades da educação nacional e os objetivos do ensino básico e secundário, conforme expresso na Constituição e na Lei de Bases. Assumia-se o princípio de que era preciso rever os conceitos de educação e de aprendizagem, bem como reconfigurar as práticas escolares.

Menos de uma semana decorrida sobre a publicação da portaria, li uma caterva de "planos de inovação", com uma sensação de *dejá vu*. A redação era irrepreensível, sem erros ortográficos, nem de pontuação. Porém, de inovação esses planos nada continham. Guardei alguns no meu museu particular e comentarei o seu conteúdo, colocando em *itálico* as citações.

O texto era pródigo em "lugares-comuns" do discurso pedagógico: *práticas pedagógicas inovadoras; desenvolvimento de competências do século XXI, como o pensamento crítico, a comunicação, atender aos diferentes ritmos e necessidades dos alunos; promover o trabalho autónomo e diferentes estilos de aprendizagem centrados no aluno.*"

Os "planos" estavam repletos de jargão científico e de citações de autores consagrados:

> "O professor gere o currículo, estabelece o papel do aluno no processo de ensino-aprendizagem; o papel do professor na definição de estratégias de ensino-aprendizagem diversificadas e do uso da tecnologia de uma forma crítica e inteligente; o professor partilha com os seus pares estratégias, recursos e práticas; como profissional reflexivo, comprometido e empenhado com a sua profissão".

E por aí seguia um relambório, que confirmava que a sofisticação do discurso contrastava com a miséria das práticas. Em algumas escolas da "flexibilidade curricular" passava-se de trimestre para o absurdo "semestre", utilizando "*uma bolsa de horas para criar mais uma disciplina*", colocando mais uma hora aqui e menos uma hora ali, como quem fizesse contas de mercearia. E alguns dos "planos de inovação" apelavam à gamificação, o que sugeria que a escola se transformasse num imenso casino.

Por essa altura, o *Low-Performing Students*, da OCDE dizia-nos que não havia país participante do PISA (era um ranking de países, com referência aos resultados obtidos em provas) que pudesse afirmar que todos os seus alunos de 15 anos de idade alcançavam um nível de linha de base de proficiência em matemática, leitura e ciência. Reconhecia-se que o modelo instrucionista – o da escola da aula – era incapaz de a todos assegurar o direito à educação. Cingapura, o primeiro lugar do PISA, extinguia os rankings. E na Catalunha, os colégios jesuítas extinguiam as aulas. Era sabido que classificação não era avaliação e que inovação não combinava com sala de aula, mas era afirmado nos ditos "planos de inovação": "T*odas as salas de aula podem ser inovadoras.*"

No início deste século, o amigo Nóvoa dizia: *no futuro, não haverá salas de aula*. Mas os "planos" falavam de míticas *"salas de aula do futuro"*. E, entre práticas fósseis e tímidas aproximações ao paradigma da aprendizagem, decorria o projeto da "flexibilidade curricular". Por esse caminho, se poderia perder mais uma oportunidade de mudança.

A Lei de Bases nos dizia que a educação era dever da família, da sociedade e do Estado, através da escola. Inspirada nos princípios de liberdade e nos ideais de solidariedade humana, a lei reafirmava que a educação tinha por finalidade o pleno desenvolvimento do educando.

Decorridas muitas décadas sobre a data da sua publicação, ainda lidávamos com os efeitos do analfabetismo funcional, com a exclusão escolar e social e com outras manifestações de subdesenvolvimento educacional. O rendimento escolar mantinha-se num nível muito baixo e era um dado preocupante, dado que a maiores investimentos, à introdução de inúmeros projetos de "intencional melhoria do sistema" e à intensificação das ações de formação de professores, não correspondia um significativo aumento dos índices de aprendizagem.

Se os resultados não correspondiam à proposta da lei vigente, isso se ficava a dever... ao "sistema". Não bastava mudar as leis, por melhores que fossem as alterações. Somente conseguiríamos melhorar a educação dos nossos jovens, quando mudássemos as práticas.

A reprodução do modelo dessa escola, universalmente conhecida, era tão aceite pela sociedade que, raramente, despertava possibilidade de pensá-la diferente. Estruturado há mais de duzentos anos, o modelo se reproduzia de forma tão natural, que parecia perpetuar-se. A sua estrutura e funcionamento remontavam ao tempo da Primeira Revolução Industrial e atendia às características fabris – bancadas individuais, sinais sonoros marcando os tempos de trabalho, fragmentação do objeto a ser fabricado – e a necessidades sociais do século XIX.

A fragmentação materializara-se no currículo. Organizado em disciplinas, o conhecimento foi recortado, tornando quase impossível a compreensão das relações entre as partes. O conhecimento dividido era "ensinado" ao longo do ano letivo, por etapas: ano, bimestre, trimestre, semestre, sem que se percebesse quaisquer indícios de fundamentação científica para tal prática.

Se a família terceirizava a educação dos seus filhos e a escola não ensinava, uma sociedade doente considerava normal que assim fosse. A *normose* instalara-se, porque todo hábito, uma vez adquirido, se afundava no subconsciente, transmitido pela educação familiar, social e escolar. A crença nas virtudes da velha escola mantinha os professores na ilusão de uma possível melhoria de um modelo educacional em acelerada decomposição.

As medidas de política educacional sofriam o efeito da descontinuidade, da definição de metas de curto prazo e projetos abandonados, a cada mudança de partido no poder, sem que uma avaliação dos efeitos fosse concretizada. O que havia produzido o modelo de educação predominante? Escassa aprendizagem, indisciplina, muitos milhões desperdiçados na crise da Escola da Modernidade.

A melhoria da educação era reivindicação de educadores conscientes, evidenciando a urgência da reconfiguração das práticas escolares. O envelhecimento da profissão de professor, o contraste entre grandes investimentos e baixos resultados, uma gestão hierárquica e não-democrática eram alguns dos indicadores que validavam a má qualidade da educação.

Era esse o saldo de uma desastrosa condução do "sistema". O que fazer diante desse cenário? Como fazer das escolas *lócus* de desenvolvimento sustentável?

No mês de março de 2024, na véspera do terceiro "encontro de sábado", preparávamo-nos para apresentar evidências de aprendizagem, para diversificar espaços de aprendizagem e introduzir alguns dos dispositivos utilizados na Ponte da década de setenta. Não se tratava de produzir clones de um projeto, mas de Refazer a Ponte, à medida de cada lugar de cada comunidade.

Propus que se relesse documentos básicos: o projeto educativo, o regulamento interno e o contrato de autonomia. E que, até ao final do mês de março, revistos e ajustados, esses documentos fossem entregues aos diretores de agrupamento portugueses e às secretarias de educação brasileiras.

Pedia, insistentemente, que as práticas, quaisquer que fossem as adotadas, fossem fiéis à letra e ao espírito dos documentos. Que não cedessem à tentação de simulações discursivas, ou menos teóricas, dado que o discurso da autonomia poderia desempenhar uma poderosa função ideológica, estimulando – como dizia Ball, ma "Micropolítica da Escola" – "o sentido da eficácia pessoal, mas também promovendo a subordinação do indivíduo ao controlo organizativo".

Seria necessário, portanto, promover a distinção entre uma autonomia formal e uma conceção democratizante de autonomia, geradora de modalidades de intervenção formativa distintas da participação formal de professores em ações condicionadas pela instrumentalidade e a racionalidade técnica.

Creio que poderíamos chamar-lhe, à maneira de Fritzell, "autonomia relativa", uma autonomia diversa que era concebida como "uma certa quantidade de alguma independência abstrata".

Os círculos de aprendizagem entretanto criados agiam como subsistemas sociais autónomos na medida em que – como também diria Fritzell – as suas consequências sociais significantes, interiormente e exteriormente, não estivessem ajustadas à reprodução de outros sistemas, e nos quais se pudesse reclamar responsabilidade pelos próprios atos e seus efeitos.

Esta presunção de autonomia diferia de outras interpretações que tendiam a considerar como autónomas meras qualificações para assunção de responsabilidades pessoais no quadro de constrangimentos estruturais, sem que se questionasse a legitimidade de relações sociais de produção e reprodução.

O exercício de autonomia pressupõe risco, compreensão da situação, do sistema interaccional, dos constrangimentos institucionais, num ambiente organizado para a participação na decisão e no exercício da formação. Pressupõe algum controlo sobre a profissão e sobre as condições do seu exercício. E, se muitos projetos haviam perecido por falta de sustentabilidade financeira, muitos outros careciam de fundamentação teórica. Por isso, insistia em "dissertar" sobre autonomia, como era meu hábito, mas em tom coloquial.

Nos primórdios de um movimento autonomista

Há quem tenha medo que o medo acabe, porque foi o medo o que mais o fez desaprender. Recorro às palavras de Mia Couto, sublinhando que a nossa indignação deverá ser maior do que o medo.

Alguns educadores sem medo manifestaram vontade de desenvolver um projeto inovador: uma comunidade de aprendizagem. Pediram-me ajuda. Gastei muito dinheiro (e paciência!) a tentar contornar obstáculos. As professoras organizaram-se numa equipe de projeto. Encontraram um edifício que, adaptado, poderia vir a ser o local de encontro e celebração da comunidade, a ágora. Pressionada pela necessidade de assegurar a matrícula de centenas de jovens moradores num bairro social, a administração escolar concordou em fazer obras de adaptação.

As professoras da equipe de projeto contrataram um engenheiro e pagaram (do seu bolso) o serviço por ele prestado. Uma arquiteta amiga das professoras fez o projeto de adaptação do edifício. Foram muitas as horas de trabalho gratuito. Inclusive, a arquiteta contratou um estagiário, para a auxiliar. E, com o seu dinheiro, pagou o trabalho do estagiário. A administração escolar nunca perguntou que despesas foram feitas...

Entretanto, os engenheiros das construções escolares vetaram a utilização do edifício projeto, porque não tinha... salas de aula.

"Como é que pode não ter aula?" – questionaram os engenheiros.

"Por que sala de aula?" – perguntaram os educadores da equipe de projeto. E explicaram aos engenheiros, de modo que um engenheiro leigo no domínio das ciências da educação entendesse, que aula é coisa do século XIX.

Ao cabo de muitas reuniões e de muito gasto de paciência, a equipe de projeto conseguiu contornar esse obstáculo. A chefe do setor de construções escolares cedeu. Não haveria salas de aula. As obras foram concluídas, os professores foram contratados, estavam criadas as condições para que fosse criada uma comunidade de aprendizagem.

Entretanto, muitos educadores se organizaram, para criação de novas comunidades e foram entregues à administração pública documentos enquadrados na Lei de Bases, essenciais à sua criação. Meses se passaram, sem que qualquer resposta fosse dada aos pedidos de análise e negociação dos documentos. Foram ignorados sucessivos convites para tal, até que um superior hierárquico se apercebeu da irregular situação e ordenou que se realizasse um encontro de trabalho.

Pela administração escolar foram apresentados pseudo-argumentos: que seria impossível criar as comunidades de aprendizagem a meio de um ano letivo e que não havia edifícios onde funcionassem. Foi respondido que em comunidade de aprendizagem não existe ano letivo, nem são necessários edifícios para as albergar:

"Se houver um prédio, tanto melhor, que poderemos abrigar-nos da intempérie. Mas não é indispensável que haja um edifício a que chamam escola."

"Insensíveis", responderam: Não é possível.

Foi explicado que numa comunidade de aprendizagem não há ano letivo, semestre, trimestre, bimestre, nem um determinado número de dias letivos, porque se aprende nas vinte e quatro horas de cada dia, nos trezentos e sessenta e cinco dias de cada ano civil. que não há salas de aula, divisão em turmas, ano de escolaridade, que não há toques e campainha, nem todos entram na escola, ou saem da escola ao mesmo tempo...

Tentando disfarçar tiques autoritários, os burocratas disseram não entender o que estavam a ouvir e lamentaram-se das canseiras, que lhes consomem as horas e lhes desgastam os nervos – *Ai, como é difícil governar!*

Foi-lhes dito que as novas práticas reduziriam a carga burocrática, origem dos seus queixumes. Reagiram com agressividade:

"Era só o que faltava! O que você está a dizer é um absurdo! Onde já se viu? Uma escola tem de ter salas de aula, turmas. Sempre foi assim! E os professores têm de fazer o registo diário das aulas que deram e da matéria ensinada."

Não havia obrigação de apresentar provas da legalidade da reivindicação. E quem terá de provar não ser possível a mudança seria quem usa as leis para tentam impedir que uma inovação aconteça, para destruir projetos. Foi-lhes dito que estavam enganados, que nem sempre foi assim. E que, quando assim acontece, o modelo de ensino imposto às escolas, nega a muitos alunos o direito à educação.

"O que querem dizer com isso?"

"Quer dizer que o trabalho em comunidade de aprendizagem garante esse direito. Na Lei de Bases, nada obsta a que essa nova construção social se concretize. O que impede que se faça uma adaptação dos normativos a uma nova forma de aprender?"

Pela enésima vez se perguntou: "*O que impede?*"

Sem saber o que responder, como argumentar, em tom de ameaça, os "porquenãos" determinaram:

É assim, porque terá de ser assim e continuará assim! Não mudaremos uma linha dos regulamentos, nem uma vírgula dos despachos. E não esqueçam que somos superiores hierárquicos!

Recusando dialogar, os "superiores" acreditavam ter extinto o projeto. Mas, embora alguns professores tivessem recuado, talvez com medo de perder o emprego, educadores éticos mantiveram-se leais ao projeto, que recomeçou, mais forte do que antes, suportado na lei, fundamentado numa ciência prudente e numa digna desobediência.

Longe dali, a escola de área aberta da Ponte era um convite ao trabalho em equipe e à participação cidadã. Nela se gestou um projeto de autonomia, que culminou na celebração de um contrato com o Estado português, decorria o ano de 2004.

Não constituiu tarefa fácil. Em setembro de 2003, segundo o jornal "O Público", cerca de trinta personalidades públicas, na sua maioria ligadas à educação, divulgaram um documento em que se solidarizaram com a comunidade educativa da Escola da Ponte, nomeadamente, com os professores que *"teimavam em ser autónomos, criativos e donos da sua profissão"*. E acusavam o Ministério de *"fazer o contrário do que dizia"*.

Nesse mesmo mês, por decisão dos pais, se anunciava que a escola iria reabrir, mesmo sem autorização do ministério, cabendo aos alunos mais *velhos* (impedidos de se matricularem na escola) *"orientar e apoiar"* os mais jovens.

No Porto, numa sessão pública de apoio à Escola da Ponte, que decorreu no auditório *"completamente cheio"* da Faculdade de Psicologia e de Ciências da Educação da Universidade do Porto, os presentes juntaram a sua assinatura "*aos mais de 2500 nomes que, numa semana, subscreveram um abaixo-assinado de contestação à atitude do governo de não autorizar que o projeto Fazer a Ponte se expandisse para o "terceiro ciclo"*. Integrada no movimento *Fazer a Ponte*, foi promovida pela Escola Superior de Educação do Porto uma sessão "de informação, debate, solidariedade com a Escola da Ponte e defesa da escola pública".

Decorridas três décadas sobre o fim da ditadura, ainda se tornava necessário defender a democracia das insídias de políticos intelectual e moralmente corruptos. Por ter sido berço de uma "nova cidadania", a Ponte havia sido alvo de tais políticos. Disso, metaforicamente, falei não meu livrinho das Cartas para a Alice:

"Negrelas invadiram o espaço da escola, parasitaram saberes e imitaram o canto de outros pássaros, para lhes roubar o futuro. As gaivotas acreditaram nas negrelas, deixaram-se enganar pelo seu encantatório canto. Espantaram-se, quando as negrelas recusaram elevar a alma à altura do sonho".

A instauração de um estatuto autonómico passaria pela passagem do trabalho do professor isolado em sala de aula para o trabalho em equipe, no contexto de uma comunidade. Para tal, fizemos construir uma escola de "área aberta".

Em 1963, no âmbito da OCDE, foi iniciado um "projeto de ajuda aos países mediterrânicos". Com o objetivo de desenvolver a escolaridade obrigatória, propunha-se apoiar países como a Grécia, a Espanha e Portugal. Nesse âmbito, um dos problemas foi o de harmonizar a concepção das construções escolares com as concepções de escola e as orientações no campo da pedagogia.

Nos anos oitenta, no terreno da antiga "escola primária" da Ponte, onde o projeto foi gestado, uma "escola de área aberta – tipo P3" foi construída, para "Fazer a Ponte". Para trás ficavam tempos demcarência e improvisação. Foi assim que os descrevi a um visitante da década de oitenta:

Quem, na década de oitenta ou noventa, visitasse a Escola da Ponte não imaginaria como ela teria sido em meados da década de 70.

Nos feriados nacionais dea 10 de junho, escutávamos discursos apelativos de "uma nova cidadania". No abril de 1974, os portugueses tinham adormecido embalados por uma ditadura. No dia 25, acordaram democratas. Tínhamos saído de uma ditadura de quarenta e oito anos: um país na miséria. Não me surpreendi com o cenário em que iria "dar aula".

O decrépito edifício do século XIX tinha sido reinaugurado em 1919, conforme atestava a lápide afixada na parede de estuque esburacado, de onde despontavam as ervas todo o ano e formigas de asas pela Primavera. O caruncho apostava em acabar com o que restava das velhas carteiras. O soalho, também de madeira, era como um campo de golfe, mas com mais buracos.

No anexo, ainda pairava o odor ao queijo da assistencialista *Caritas*. A meio da manhã, eu colocava finas fatias desse queijo sobre pedaços de pão de centeio e milho, aquecia o "leite escolar" e amaciava a fome das crianças. Acordava uma, que costumava dormitar, cabeça pousada sobre o tampo de uma mesa. Viria a falecer muito jovem. Já não lhe pudemos valer.

Não havia banheiro digno desse nome. Somente um buraco sujo, de onde saiam enormes ratazanas, e, para higiene dos utentes, pedaços de papel de jornal pendurados num arame.

Na "quarta classe" de 76, a velha escola albergava uma variedade de origens sociais, reconhecida pelos odores. O Simão exalava uma suave fragrância de água de colónia. O Jorge, vestígios de um perfume barato. Nas manhãs frias, o Arnaldo tresandava a cachaça. A maioria, criada na rua, trazia entranhado nas pobres vestes um intenso cheiro a terra e suor, que se confundia com o da decomposição dos cadáveres das ratazanas e de outros bichos, que coabitavam o desvão do telhado. Mas a aparência rude só escondia a doçura das almas.

Era tão precária a situação, que não demorei a cumprir o preceito do Comenius: levei a escola para debaixo da árvore. Já nesse tempo, eu não "dava aula". Com as crianças, ensaiava pequenos projetos. O primeiro resultou de uma queixa: o rio estava poluído. Nele as crianças não poderiam banhar-se, nas tórridas tardes de Estio.

Não tardou que descobrissem a origem do problema: havia fábricas que lançavam no rio esgoto, nafta e outros poluentes. Tanto bastou para que a denúncia chegasse aos ouvidos dos prevaricadores. E os "senhores da terra" reagiram.

Nesse tempo, só se comunicava por telefone fixo. E o meu passou a ser veículo de terrorismo verbal. A qualquer hora do dia, recebíamos chamadas com xingamentos e ameaças. Até que, mais ou menos por abril de 76, jagunços a soldo de "alguém" destruíram a horta, que as crianças cultivavam com extremo desvelo, derrubaram o "Hospital dos Animais", onde as crianças acolhiam e tratavam todo tipo de animal abandonado, caído do ninho, ou ferido, mataram os animais. E, com o sangue das inocentes vítimas, escreveram na parede da escola: "MORTE AO PROFESSOR".

O meu filho nasceu no mesmo mês em que eu cheguei à Ponte. Seis anos depois, já transformada, o André nela ingressou. O prédio ainda era o mesmo, mas era da... comunidade. A prática já era outra, inovadora. A televisão e os jornais transmitiam reportagens, mostrando crianças desenvolvendo projetos e uma comunidade gerindo os destinos da sua escola.

Entretanto, fui eleito "prefeito" da cidade. E um novo capítulo da história da Ponte começou. Se, localmente, a democracia fora instaurada, um ministério autoritário não conseguia suportar que, dentro do sistema público de ensino, uma escolinha tivesse trocado a ensinagem pela aprendizagem e empreendesse caminhos, que levariam à celebração e um "contrato de autonomia".

Trinta anos após esses eventos, a Ponte era bem conhecida fora de portas, enquanto era ignorada na sua terra. Só porque os seus professores tomaram a decisão ética de inovar, a escola sofria violências sem conta.

No dealbar do século XXI, deixei-a com um contrato de autonomia e me ausentei do país que a maltratava e tentava destruir. Voltei, vinte anos depois, e apercebi-me de que no país de brandos costumes pouco ou nada havia mudado. Uma cortina de silêncio caíra sobre a escola que pela primeira vez na história da educação, passara do instrucionismo à aprendizagem. Embora os seus educadores fizessem cursos na Internet e fossem convidados para palestras, raras escolas seguiam o seu exemplo.

O sistema estava tão instrucionista como em setenta e seis. Durante mais de trinta anos, tinham-se sucedido regulamentações da lei, que dissiparam o que de autonomia havia no contrato firmado entre a Ponte e o ministério.

Quisera saber se restava algo da Ponte que deixara nos primeiros anos deste século. Visitei-a, soube dela pelos olhares atentos de doutorandos, conversei com ex-alunos. O essencial fora preservado. Sobretudo no domínio de uma educação cidadã. aquela que o Nóvoa mencionara num comentário a um ensaio de António Sérgio:

"A escola de António Sérgio é, acima de tudo, caracterizada pelo valor pedagógico da autonomia e, por isso, sugere: "não vos canseis com os problemas de compêndios e programas: cumpre revolucionar os próprios métodos, o ambiente social em que a criança vive".

Em 2022, o Programa de Governo para a Educação continha objetivos que a Ponte concretizara em... 1976. Talvez por isso, Nóvoa concluísse a sua análise com estas palavras:

"Self-government, foral, município escolar", palavras que me permitem, à luz daquilo que conheço da Escola da Ponte, sugerir uma releitura das propostas de António Sérgio".

Ainda guardo um velho manuscrito (isso mesmo, um manuscrito) redigido em outubro de 76, que consagra a participação da comunidade na vida da escola e que esteve na origem do primeiro estatuto de uma associação de pais.

Durante o primeiro período de democratização do regime político, entre 1974 e 1976, a assunção de autonomia foi interpretada como forma de autogestão. E, em 1976, a Associação de Pais da Escola da Ponte assumiu o papel de cogestora de um projeto que um professor propunha, visando o exercício autónomo da profissão. A primeira equipa de projeto foi constituída por membros de uma comunidade a que esse professor já pertencia.

Nesse mesmo ano, já sabíamos que escolas não eram prédios, que escolas eram pessoas, e que o projeto era um ato coletivo, assente em princípios. Tive necessidade de recordar aos professores da Ponte os princípios fundadores do projeto. Parecia terem sido esquecidos. Ei-los:

1- Uma equipa coesa e solidária e uma intencionalidade educativa claramente reconhecida e assumida por todos (alunos, pais, profissionais de educação e demais agentes educativos) são os principais ingredientes de um projeto capaz de sustentar uma ação educativa coerente e eficaz.

2- A intencionalidade educativa que serve de referencial ao projeto Fazer a Ponte orienta-se no sentido da formação de pessoas e cidadãos cada vez mais cultos, autónomos, responsáveis e solidários e democraticamente comprometidos na construção de um destino coletivo e de um projeto de sociedade que potenciem a afirmação das mais nobres e elevadas qualidades de cada ser humano.

3- A Escola não é uma mera soma de parceiros hieraticamente justapostos, recursos quase sempre precários e atividades ritualizadas – é uma formação social em interação com o meio envolvente e outras formações sociais, em que permanentemente convergem processos de mudança desejada e refletida.

4- A intencionalidade educativa do Projeto impregna coerentemente as práticas organizacionais e relacionais da Escola, que refletirão também os valores matriciais que inspiram e orientam o Projeto, a saber, os valores da autonomia, solidariedade, responsabilidade e democraticidade.

5- A Escola reconhece aos pais o direito indeclinável de escolha do projeto educativo que considerem mais apropriado à formação dos seus filhos e, simultaneamente, arroga-se o direito de propor à sociedade e aos pais interessados o projeto educativo que julgue mais adequado à formação integral dos seus alunos.

6- O Projeto Educativo, enquanto referencial de pensamento e ação de uma comunidade, que se revê em determinados princípios e objetivos educacionais, baliza, e orienta a intervenção de todos os agentes e parceiros na vida da Escola, e ilumina o posicionamento desta face à administração educativa.

Atravessei o oceano, muitas vezes, para ajudar a criar protótipos de comunidade de aprendizagem. Face a esse enunciado de princípios propus a criação de um Grupo de Trabalho (GT), de uma Assembleia (ARCA), e a recuperação de um contrato de autonomia, pois, como dizia António Nóvoa: "*Não podemos deixar a escola bloqueada por uma pedagogia medíocre.*"

Dizem os tratados ter havida um processo histórico de assunção de autonomia, após sessenta anos de União Ibérica. E que, após 28 anos de guerra com os castelhanos (e com franceses e holandeses, no Brasil), a independência se consolidou. Por que evoco a efeméride? Porque aquilo que é evidente, por vezes, mente. Nesse contexto, deveremos falar de autonomia, ou de independência?

Não que eu fosse nacionalista, ou anti-iberista, mas porque prezava em demasia a ideia de gestão autonomia, fosse em que situação (pessoal, social, institucional) em que ela se manifestasse, talvez inspirado pela comemoração, nos idos de vinte e três, deu-me para convidar companheiros de longas jornadas para um último fôlego de mudança e inovação. Também lancei um fraterno repto a amigos amantes da teorização, para acompanhar aqueles que ainda não tivessem desistido de ousar. Isto é: agir por Amor sustentado e Coragem.

Acontece que, nessa mesma semana de dezembro, li uma mensagem do meu bom amigo Isaac, na qual manifestava legítimo regozijo pela consolidação da autonomia universitária. Efetivamente, era motivo para celebrar. Mas, por vezes, o que é evidente... mente - o Nóvoa escrevera um livro sobre isso.

Tenho muitos defeitos, mas nunca fui omisso. Mesmo correndo o risco de desagradar a um amigo, pelo qual nutria profundo respeito e admiração, ousei perguntar:

Por que razão a autonomia é apanágio apenas da Universidade? Por que consentimos que os diretores de escola sejam escolhidos por políticos? Por que ainda existe "dever de obediência hierárquica"? Quando um diretor recebe uma ordem "superior, mesmo que dela discorde, terá de a cumprir e fazer cumprir aos seus professores. Cadê a autonomia? Por que permitimos que a autonomia seja negada ao "ensino não-superior"?

Essa eufemística expressão era usada em Portugal, nos idos de oitenta e de noventa. E no léxico do sistema hierárquico português, mantinham-se eufemísticas expressões como: "Ensino pós-secundário não-superior".

Frequentemente, a linguagem era fonte de mal-entendidos e não era a falar que a gente se entendia. Evidente... mente, a linguagem continuava a reproduzir uma cultura feita de hierarquia, autoritarismo, em tudo contrária a uma ideia de igualdade, equidade, democraticidade, participação, autonomia.

Muitas vezes, o que é evidente... mente (do belo livro "Evidentemente", do amigo Nóvoa). Esses termos constavam em abundância de teses e outros escritos teoricistas. Foram interpelados pelos meus amigos da Pluriprosa, uma Pluriversidade criada por educadores que, amorosamente, refletiam e agiam, corajosamente, reinventando Freire e praticando Darcy. Eram educadoras e educadores humanizadores libertos de uma cegueira de que Bauman nos falava, uma cegueira moral, uma cegueira ética, a cegueira daqueles que não veem que o que evidente... mente.

Saramago também se referia, metaforicamente, a uma cegueira social, quando apelava ao dever moral dos que enxergam. No seu "Ensaio sobre a Cegueira", usou a expressão "cegueira branca", não se referindo à cegueira física, mas à cegueira moral, a uma peculiar "patologia" académica, que não permitia enxergar o gozo exclusivo de privilégios e mordomias.

Debatendo conceitos como "educação integral" e "autonomia", chegamos ao de "humanização". Fazia sentido que o revíssemos a partir do chão de escola, dado que era habitual a sua inútil abordagem por teoricistas. O amigo António, companheiro de muitos anos de projetos, assim dizia:

> "Bom dia, Carísim@s
>
> Pois é, aqui estou eu de novo. Como vos disse, não estava totalmente convencido com a parte final da minha última proposta. Já encontrei o motivo e explicarei o meu processo de reflexão. Fui pesquisar, mais aprofundadamente, o conceito de Educação Humanizada e o de Educação Integral. Descobri que está muito em voga no Brasil, com muita mistura de aceções, algumas delas impregnadas de "cobertura" cremosa do paradigma da instrução,

como se esse "*chantilly*" de sobrevivência salvasse a face de um sistema que tenta de tudo para se manter;
. incorpora vários contributos estrangeiros, nomeadamente das concessões de *humanized Learning* e da *Maker Culture;*
. tem na sua base, sem o explicitar (na esmagadora maioria dos casos) importantes teóricos da Educação (apesar deles já não o poderem saber), como sejam Dewey, Kilpatrick, Piaget, Vygotsky, Paulo Freire, Anísio Teixeira, Lauro de Oliveira Lima (entre outros, claro);
. no meio dos "entre outros", há dois senhores que ainda estão vivos: Barry Zimmerman e um tal de José Pacheco...;
. a parte final do nosso documento quase não explicitava em que consiste a dita Educação Humanizada e esses princípios deveriam, por isso, ser realçados.

Honrando os princípios de autorregulação da aprendizagem do primeiro dos "outros" (Zimmerman), mobilizo um breve texto do segundo (Pacheco), incluído na apresentação de conferência que ele dinamizou, recentemente, em Lisboa, no Instituto de Educação, com o tema "Novas construções sociais de aprendizagem":

> "Urge humanizar a educação, conceber novas construções socais de aprendizagem, nas quais, efetivamente, se concretize uma educação integral. Urge constituir redes de aprendizagem, que promovam desenvolvimento humano sustentável. A educação acontece na convivência, de maneira recíproca entre os que convivem.
>
> Se a modernidade tende a remeter-nos para uma ética individualista, nunca será demais falar de convivência e diálogo, enquanto condições de aprendizagem. Será oportuno falar de novas construções sociais de aprendizagem."

Embora essa apresentação não fale disso, conheço muito bem (*in loco,* na Escola da Ponte do início dos anos 2000) as conceções de prática pedagógica dessa escola e desse tal Pacheco, numa estratégia de sedução que tem dado os seus frutos, ao longo de vários anos, e revejo-me, totalmente, nessa prática."

A partir daí, se revelava a proatividade do amigo António e da ARCA portuguesa, quando dirigiam ao Ministro da Educação uma mensagem, que ficou célebre. Começava assim:

> "Considerando o desafio lançado publicamente pelo Sr. Secretário de Estado da Educação, António Leite, no encontro de Educação "O Futuro é Hoje: Comunidades de Aprendizagem", realizado nas Caldas da Rainha (27 de setembro de 2023), para desafiarmos o Ministério da Educação com a apresentação de um projeto.
>
> Considerando também a necessidade de promover a autonomia (organizativa, curricular, pedagógica e financeira) das escolas públicas e o desenvolvimento de práticas pedagógicas inovadoras (...)"

Era notória a proatividade dos educadores envolvidos em processos de mudança refletida. Por exemplo, numa carta dirigida ao Ministro da Educação, em que se dizia ser preciso:

> "Criar projetos educativos verdadeiros referenciais de ação das escolas, em autonomia, reforçando o seu funcionamento enquanto organizações educativas:
> . colocar os alunos no centro do processo de renovação do sistema educativo, da escola pública e da aprendizagem;
> . melhorar o funcionamento da escola pública, alterando o paradigma burocrático (ao nível organizativo) e o paradigma transmissivo e heterónomo (ao nível pedagógico) que a caraterizam;
> . honrar a necessidade de se olhar para a escola pública como "a escola da cidadania";
> . assumir "como prioridade a concretização de uma política educativa centrada nas pessoas, que garanta a igualdade de acesso à escola pública, promovendo o sucesso educativo e, por essa via, a igualdade de oportunidades" (preâmbulo do Decreto-Lei n.º 55/2018, de 6 de julho);
> . integrar, de modo adequado, toda a comunidade escolar (segurança, equilíbrio e proximidade), acolhendo e valorizando a sua

megadiversidade, a nível funcional, social, cultural, neurológico e afetivo.

Considerando, finalmente, o facto de o atual governo ainda estar em funções plenas.

Os signatários vêm, por este meio, solicitar a criação do grupo do trabalho "Educação Humanizada", onde os mesmos tenham assento."

E eram enunciadas as finalidades do futuro Grupo de Trabalho:

Propor programas, projetos, diretrizes específicas, orientações e legislação que contribuam para a implantação e implementação de novas construções sociais de aprendizagem;
. promover a renovação da escola púbica e a criação de escolas públicas de iniciativa local e comunitária;
. propor parâmetros de arquitetura e de mobiliário (interior do edifício e exterior a ele) que criem uma nova pedagogia do espaço, promotora de ambientes de aprendizagem ativos, acolhedores e seguros, onde cada educando possa valorizar-se, experimentando, refletindo e co-construindo os seus próprios processos de aprendizagem.
. incentivar um desenvolvimento curricular e uma ação pedagógica centrados no respeito pelas caraterísticas, necessidades e interesses de cada educando, assumindo que o sucesso na aprendizagem é diretamente influenciado pela motivação, pelo acolhimento de diversas formas de aprender e pelo respeito por distintos ritmos de aprendizagem.
. apoiar a constituição de redes de aprendizagem que promovam o desenvolvimento humano sustentável e integral, baseado na convivência, no diálogo, na solidariedade e na defesa da dignidade humana, dando a cada educando a oportunidade de ser e de aprender de forma significativa.
. coordenar e/ ou orientar e acompanhar projetos de âmbito nacional, regional e/ ou local que visem a criação de Comunidades de Aprendizagem."

Quer o ministério aceitasse, ou não aceitasse, a criação do grupo de trabalho das novas construções sociais de aprendizagem, elas iriam cumprir-se. A sempre adiada Educação do Futuro se fazia presente. Bem à maneira do heterónimo Ricardo Reis:

"Uns, com os olhos postos no passado / Vêem o que não vêem; outros, fitos / Os mesmos olhos no futuro, vêem / O que não pode ver-se / Esta é a hora / este o momento, isto / É quem somos, e é tudo."

Ao cabo de trinta anos, a sobrevivente Escola da Ponte viu reconhecida a sua autonomia. Ela tinha raízes num movimento comunitário dos anos setenta, nas famílias que confiaram a educação dos seus filhos à Escola Pública da Ponte. Passou pela publicação de uma Lei de Bases e de um Enquadramento Jurídico da Autonomia das Escolas (Lei 43/89 de 1 de fevereiro), pela publicação da Lei da Autonomia, já em 1997, e a celebração de um contrato, já no século XXI (em 2004). Tinham passado trinta anos de resiliência.

Foi árduo o processo. E só conseguimos alcançar o estatuto de autonomia, porque, a par de uma prática reconhecida como de excelente qualidade, criamos sustentabilidade pedagógica, científica. Mas, também, nos transformamos numa "ilha de excelência", marginal às medidas de política educacional. Até que consultei os programas eleitorais dos partidos concorrentes às Legislativas de 2024. Li todos os programas para a Educação. Um desses programas assumia medidas, que eu havia proposto, ao longo de décadas. Descontando algumas premissas de origem neoliberal, citarei partes do "programa" desse partido:

> "Centrar a escola em cada aluno, assegurando a integração entre conhecimentos de áreas do saber;
>
> Promover a criação de verdadeiras escolas livres, usufruindo da autonomia e flexibilidade curricular e construindo na escola pública novos modelos de ensino centrados em cada criança e jovem;
>
> Criar condições para uma nova organização não baseada em turmas, mas antes em comunidades de aprendizagem;
>
> Garantir a todos os alunos uma formação integral, com o acompanhamento de colegas e professores, que promova o conhecimento

para lá das disciplinas e da divisão entre atividade intelectual e atividade manual;

Manter todas as modalidades de ensino atuais, por forma a que cada aluno e sua família possam optar, de forma livre e respeitadora das suas opções pessoais, familiares e/ou étnicas, por aprender da forma mais adequada ao seu caso individual, nomeadamente o Ensino à Distância, o Ensino para a Itinerância, o Ensino Doméstico (...) avaliação contínua, proporcionando uma abordagem mais holística da aprendizagem;

Promover a interação com a família no âmbito da aprendizagem, promovendo a assunção de valores e princípios comuns e o respeito por eles;

Garantir a possibilidade de expansão da rede escolar, através da regulamentação e certificação de escolas alternativas e/ou comunitárias;

Reforçar a oferta educativa formal com competências cruciais para a vida no século XXI, como pensamento crítico, inteligência emocional, empatia e criatividade, essenciais para preparar os jovens para prosperar num mundo cada vez mais complexo e tecnológico."

A "cereja no bolo" era a recomendação de que se deveria "ter em conta a proximidade com as populações, evitando o abandono das escolas locais em favor de superescolas". Esse partido denunciava o crime de "desertificação" do interior português, também, por via da construção de megalómanos "centros educativos".

Era "música para os ouvidos". Não hesitei. Enviei aos meus amigos e às minhas amigas de Portugal essa boa noticia. Talvez não tivessem lido os programas dos partidos.

Um dado novo, algo inédito surgia. Se "o fracasso era o do sistema", como dissera Freire, um olhar de apoena apontava para a refundação do "sistema".

Escolas são pessoas e as pessoas são os seus valores. Ganharia sentido, pois, considerar as escolas como espaços coletivos de criação de novas identidades, a existência de sujeitos coletivos capazes de aprofundar propostas democratizantes. Boaventura dizia não fazer sentido continuar à espera de que o projeto de modernidade se cumprisse naquilo que, até ao final de século, não se cumprira. A emergência de grupos informais confirmava uma situação cultural de "celebração afirmativa" característica da pós-modernidade.

A questão que se colocava, tal como a equacionou Boaventura, era a de saber "se [em Educação] poderíamos pensar o pós-modernismo numa sociedade semiperiférica [referindo-se a Portugal]. Mas, sobretudo, se poderíamos pensar e agir pós-modernamente. Os constrangimentos eram inúmeros, a começar dentro de nós (as pessoas) e a acabar nas contradições do sistema.

Talvez fizesse sentido reorganizar grupos de professores, que questionassem a primazia do autoritarismo do Estado, que tendiam a legitimá-lo como agente de modernização. Essa crença assentava no facto de que, nos espaços intersticiais das reformas educacionais, serem detetadas fragilidades na prática legislativa e nas práticas sociais, onde o Estado não ultrapassava o domínio da intencionalidade.

Autonomia rima com cidadania

A palavra autonomia rima com cidadania. A cidadania é uma "técnica de vida" a aprender como quaisquer outras. Por essa razão, o nosso Faria de Vasconcelos (já em 1915 e muito antes de Rogers!) defendia que a educação se deveria fazer de dentro para fora, pela experiência e pela prática gradual do sentido crítico e da liberdade.

Recordo a abertura da Semana da Educação de1998, quando a Escola da Ponte recebeu a visita do Presidente da República. No final do dia, ele apontou como preocupação maior o fato de nem todas as crianças terem acesso a um ensino básico de qualidade.

"A escola e a família são fundamentais para desenvolver a capacidade de intervenção e de influenciar o nosso tempo. Há também responsabilidades sociais, por parte de toda a comunidade. Os problemas da escola resolvem-se dentro e fora dela."

Jorge Sampaio fez apelo à participação responsável e à mudança:

"É preciso recusar tendências autoritaristas e saudosistas."

O Presidente estava atento a uma proposta de alteração da Lei de Bases, à imposição do regresso da figura do diretor, anulando práticas de direção, gestão e administração baseadas em conselhos, não-hierarquizada, como era o caso da Ponte. Temendo o impacto de tal medida na Ponte como em outros projetos de mudança, comentou

"Não quero um País complacente com um destino escolar medíocre".

O exercício de cidadania nas escolas regrediu, quando um decreto foi publicado e novos modos de regulação e controle foram instituídos. Quando o ministério da educação, unilateralmente e à revelia do disposto no contrato de autonomia celebrado em 2004, retirou à Ponte direitos adquiridos. Quase meio século decorrido sobre a "Revolução do Cravos", o povo português ainda não havia tomado consciência de que ninguém adormecera "fascista" no dia 24 de abril, nem acordara "democrata" no dia seguinte.

A longa visita à escola terminou na reunião da Assembleia. O Presidente e a esposa intervieram, para realçar o comportamento exemplar dos alunos, o elevado sentido do exercício democrático.

Nessa noite, a televisão mostrava o final da reunião da Assembleia. Visivelmente emocionado, Jorge Sampaio se despediu, dizendo:

"Recebi de vós lições de cidadania. E peço-vos que nunca deixeis de erguer o braço, para pedir a palavra!"

Jorge Sampaio era um presidente que considerava que a cidadania *"não se esgotava na escola"*, mas que tinha aí "elementos essenciais de consolidação". Comovido com a manifestação de cidadania dos alunos da Ponte, com a voz embargada, confidenciou:

"Um dia, aos oito anos, a professora disse-me que era eu que ia fazer o discurso semanal. Esse discurso foi comentado e criticado. Só mais tarde, percebi o quanto esta experiência de intervenção foi útil para o resto da minha vida".

Quando, nos idos de noventa, o Presidente nos visitou, continuavam sólidas as minhas convicções. Estava próximo meio século de vida vivida, tempo de confucianamente nos livramos de dúvidas e entendermos a mensagem do "Decreto do Céu". Ao chegar aos setenta, eu "seguia o meu coração, sem passar dos limites". A Vida me ensinara a ser designer de um ser humano futuro-presente, que se revia num aprendiz de utopias realizáveis. A Vida me fez mais compassivo, mas ao modo do Mestre Agostinho:

> "Já será grande a tua obra se tiveres conseguido levar a tolerância ao espírito dos que vivem em volta; tolerância que não seja feita de indiferença, da cinzenta igualdade que o mundo apresenta aos olhos que não vêem e às mãos que não agem; tolerância que, afirmando o que pensa, ainda nas horas mais perigosas, se coíba de eliminar o adversário e tenha sempre presente a diferença das almas e dos hábitos; dar-lhe-ão, se quiserem, o tom da ironia, para si próprios, para os outros; mas não hão-de cair no ceticismo e no cómodo sorriso superior; quando chegar o proceder, saberão

> o gosto da energia e das firmes atitudes. Mais a hão-de ter como vencedores do que como vencidos; a tolerância em face do que esmaga não anda longe do temor; então, antes os quero violentos que cobardes.
>
> Mais alto te pretendo e mais humilde; à tolerância que envergonha substitui o cálido interesse pedagógico, o gosto fraternal de aprender e de guiar; não levantes barreiras, mas abate-as; se consideras pior o caminho dos outros vai junto deles, não os deixes errar só porque os dominarias; transforma em forte, viva chama o que a pouco e pouco se dirige a não ser mais que um gelado desdém."

Decidi não tolerar o intolerável. E até correr os riscos de desobediência civil, para resguardar o direito à autonomia.

Era comum escutar a expressão "*educação democrática*". Mas, qual o paradeiro dessa educação democrática? Na cabecinha de teoricistas? No discurso de palestrante ocioso? Nas escolas não estava, não!

Haveria gestão democrática, quando os diretores continuavam cativos da indignidade do dever de obediência hierárquica?

Correndo risco de suscitar alguma polêmica, arriscava perguntar:

As decisões tomadas pelo corpo de educadores de uma escola deverão ser tomadas por maioria (democrática), ou por consenso? A minoria a quem foi Imposta uma decisão democrática respeitará (aceitará) tal decisão, cumprirá aquilo que foi decidido? Dito de outro modo: as decisões deverão ser pautadas na tolerância, ou na aceitação?

Os professores brasileiros pareciam tender à tolerância. Talvez por ser mais cômodo ir ao aeroporto, xingar o time que perdeu uma partida de futebol, do que manifestar na rua, na praça, em todo o lugar, a não--aceitação do enriquecimento ilícito, da corrupção, de crimes contra o erário público. Era mais fácil do que intervir, quando um energúmeno joga uma lata vazia pela janela do carro, ou quando uma justiça obtusa permitia que o político corrupto beneficiasse de impunidade.

O péssimo exemplo de significativa parte da classe política influenciava o caráter do povo, poluia as mentes com valores egoístas. O povo brasileiro sofria de uma bovina tolerância face aos atos imorais dos indigentes morais, que conspurcavam a nobre arte de fazer política.

Li (já não sei onde) que a ética se assemelha a uma reta: a menor distância entre os pontos A e B, onde A é o Ideal e B, a Ação. Deveríamos tolerar a incoerência entre o pensar e o fazer, aceitar a necessidade de fincar barreiras perante procedimentos moralmente contraditórios?

O Mestre Morin dizia:

"Sejamos irmãos porque estamos perdidos num pequeno planeta dos arredores de um sol suburbano de uma galáxia periférica de um mundo privado de centro."

Reflitamos sobre uma dura realidade: a quantidade de suicídios verificados neste nosso conturbado mundo equivale ao dobro do conjunto de mortos por guerra e fome. Quem se interroga sobre as causas de ambas as tragédias? Quem reflete sobre a ausência de uma ética apoiada na bondade e no apoio mútuo?

Naquela idade em que começamos a sentir a necessidade de dar sentido à vida, é preciso que aconteça um feliz encontro com seres que ensinam que a verdadeira vida é um fraterno encontro.

Em direto, a televisão transmitia um atropelamento, numa rua de São Paulo: um corpo no meio da rua e condutores desviando as suas viaturas daquele obstáculo, alguns quase esmagando a inerte vítima do acidente. Na calçada, transeuntes alheios ao drama. Até ao momento em que um deles faz sinal aos carros para que parem, vai até junto do corpo e pede para chamar uma ambulância.

Interrogo-me: Este "*sofrware*" humano será o único, ou poderemos aspirar a algo diferente? Quero crer na possibilidade de uma sociedade mais fraterna. E escuto o Mestre Morin que nos fala da necessidade de uma metamorfose, de uma reforma moral, lograda através de profundas mudanças no modo de educar e numa economia ecológica e solidária.

Ele diz-nos que solidariedade é a palavra que pode modificar positivamente o futuro da humanidade. Curiosamente, Morin considera que o país com maiores posssibilidades de liderar essa metamorfose solidária é o... Brasil.

Quando se substituirá um "ou" solitário pela coordenação do "e", para que não haja moradores dos jardins versus zona leste, mas apenas brasileiros unidos numa tarefa comum? Compartilhe-se a fome e a abundância, a tristeza e a alegria, a saúde e a doença.

No final da década de oitenta, o presidente da assembleia da escola era um mocinho muito autocentrado. Nas reuniões, ele somente dava a palavra aos amigos e não assumia responsabilidade coletiva, em situações que justificavam essa atitude.

Foi criticado por muitos dos alunos que o elegeram. Reagiu, dizendo que se demitiria. Então, as crianças tomaram uma decisão surpreendente: decidiram que o presidente deveria continuar no cargo. Mas que a condução das reuniões deveria ser participada pelos restantes membros da mesa da assembleia, de modo a ajudar o presidente a aprender a respeitar os outros e a respeitar-se.

Ao longo daquele ano letivo, o presidente, que não foi demitido, viveu múltiplas situações de ajuda mútua. No final da última assembleia daquele ano, deitou discurso, agradecendo aos colegas a oportunidade de ter aprendido a ser solidário.

Em linguagem de gente jovem, disse, mais ou menos, isto: Que não se importava de não ser o primeiro, para que todos pudessem ser os primeiros.

Dizia o mestre Pestalozzi que a educação moral não deve ser trazida de fora para dentro da criança, mas deve ser uma consequência natural de uma vivência moral. A compreensão e a aceitação do outro resultam de uma aprendizagem da verdade, na arte de conviver. Desde tenra idade, a solidariedade na solidariedade se aprende.

Um menino sentou-se no colo de um idoso, que chorava a morte da sua esposa. O idoso susteve o choro e sorriu. Quando a mãe da criança lhe perguntou o que tinha dito ao velhinho, a criança respondeu: "*Nada. Só o ajudei a chorar.*"

Os educadores envolvidos em projetos por mim acompanhados atuavam nas margens de liberdades possíveis, racionalmente e emocionalmente dirigidos para objetivos precisos. A autonomia praticada era entendida como o autogoverno de uma profissão, que tinha ela própria o controlo das suas funções: critérios de seleção, de ingresso na profissão, regras de comportamento profissional, decisões de renovação, e que desempenhava, de algum modo, papel significativo na determinação da política educacional.

A autonomia alimenta-se da dependência do sujeito relativamente à sociedade e à cultura, e a escola é uma microcultura que exige adaptabilidade para o exercício de autonomia. Não se processa de modo espontâneo, nem por oposição a constrangimentos impostos pela cultura escolar. Alicerça-se num processo simbiótico, porque não é a organização do caos das solidões – quanto mais autónomo é o sujeito, menos isolado se encontra.

Poderia, então, redefinir a autonomia como o autorreconhecimento pelo sujeito das suas inevitáveis dependências relativamente à multiplicidade e complexidade do mundo envolvente e do seu mundo interior. E acrescentar palavras escritas pelo meu amigo Antônio.

> "O amanhã está à venda? Podemos por aqui iniciar uma boa reflexão. É tempo de profundas mudanças no mundo, na educação e nas escolas vivenciamos um cenário de grandes dúvidas e incertezas, que ao contrário de nos arrastar para o desânimo, nos mobilize coletivamente para a abertura de novos caminhos.
>
> A educação sempre foi e continua sendo um dos lugares de transformação do mundo, mas, para isso, tem ela própria de se transformar. Não se trata de alimentar visões mirabolantes de um futuro sem escolas e sem professores, substituídos por aparatos tecnológicos ou pelo admirável mundo novo da inteligência artificial. Usar sempre qualquer maré a favor de uma boa causa, nos parece justo, mas não cabe exageros, afinal, o processo de aprendizagem nesse caminho de transformação por compreender que a educação é uma forma de intervenção no mundo solicita segurança, competência profissional, apreensão da realidade, aceitação do novo, bom senso e generosidade (Paulo Freire).
>
> O que será o amanhã? É a pergunta que nos inquieta hoje mais do que em qualquer outro momento de nossa história. O filósofo francês Edgar Morin, num dos seus últimos livros, convida-nos a mudar de via e de vida nas escolas, com a adoção de um novo contrato social, proposta feita pela UNESCO no seu último relatório sobre os futuros da educação.

> Evitemos o pathos da novidade, a ideia futurista de um começo a partir do zero. Devemos honrar e prolongar o patrimônio comum da educação, construindo os processos de transformação a partir de milhares de experiências e de projetos que já existem nas nossas escolas, em todo o mundo".

A partir dessas novas perspetivas, podemos imaginar um outro futuro, viajando até o infinito das possibilidades de agir em conjunto. Temos de assumir, com coragem, as nossas dúvidas e, até, o risco de nos enganarmos. O risco é uma necessidade essencial da alma, diz-nos Simone Weil: "A ausência de risco suscita uma espécie de aborrecimento que paralisa de maneira diferente, mas quase tanto como o medo" (1949, P. 49). Sim, a vulnerabilidade tem muito a nos ensinar.

O mundo e a escola futura serão feitos de cooperação, assim imaginamos. Pois ninguém se educa sozinho. Precisamos dos outros para nos educarmos. Precisamos de professores. Precisamos do poder da relação, do encontro entre mestres e discípulos. Precisamos, como escreve Bernard Charlot, de ocupar o mundo com humanidade e ocuparmo-nos dele, com todas as formas de solidariedade que este termo implica: "Deve ser este o princípio de base de uma educação contemporânea. É da educação, e da educação humana, que se trata".

O mais importante é sermos capazes de libertar o futuro, como bem defende o educador Antônio Nóvoa inspirado por Ivan Illich. Ninguém sabe como será o futuro e nem sequer vale a pena tentar adivinhá-lo. Mas temos a obrigação de tudo fazer para não fechar as possibilidades de futuro, para garantir a liberdade das gerações futuras.

Como bem lembrou o poeta e artista visual brasileiro Wlademir Dias-Pino, a liberdade é sempre experimental.

E mais uma vez nos perguntamos: o que será O AMANHÃ?

Precisamos com força, LIBERTAR O FUTURO!"

Nos idos de vinte e três, o Antônio nos questionava, com pertinência. Quem o terá escutado? Quem terá libertado o futuro, humanizado o ato de aprender? Quais foram os artífices de um amanhã desejado?

Autonomias

Recebi um amável convite de um senador brasileiro. Perguntava se poderia reunir com ele, na casa do meu amigo Isaac. Aquiesci e fui conversar com um político que já fora ministro da educação. Disse-me que iria para a Unesco, participar num novo projeto.

Qual projeto? – perguntei.

Um projeto chamado "Educação do Futuro" – respondeu.

Eu já andara mais de cinquenta anos a ouvir falar da "educação do futuro" e o futuro da educação nunca mais chegava. Mas, a UNESCO divulgava mais um relatório. Nele se dizia que os estudiosos da Organização das Nações Unidas para a Educação, a Ciência e a Cultura tinham gastado precioso tempo "reimaginando juntos nossos futuros", para "um novo contrato social para a educação" e que haviam sido consultados mais de um milhão de cidadãos, bem como "quatrocentas escolas associadas e duzentas cátedras Unesco em todo o mundo". Coisa de peso!

A minha leitura começou curiosa e terminou decepcionada. Os estudiosos andaram em busca de uma "educação do futuro", quando aquilo que concluíram e apresentaram como proposta já pertencia ao passado. A um passado, durante o qual muitos projetos com o perfil definido pelo relatório tinham sido destruídos. Isso mesmo; muito tempo antes de esses estudiosos reimaginarem a educação do futuro, muitas escolas já se organizavam "em torno dos princípios de cooperação, colaboração e solidariedade", conformes à nova proposta da Unesco.

Os currículos dessas escolas davam dar ênfase a "uma aprendizagem ecológica, intercultural e interdisciplinar", ajudando os alunos a "acessar e produzir conhecimentos, desenvolvendo ao mesmo tempo a sua capacidade de criticá-los e aplicá-los". Eram "escolas reinventadas a fim de facilitar ainda mais a transformação do mundo em direção a futuros mais justos, equitativos e sustentáveis.

Coloco entre aspas excertos da apresentação do relatório. No dizer dos seus autores, essas escolas deveriam ser "locais educacionais protegidos", visto que promoviam a inclusão, a equidade e o bem-estar individual e coletivo. Mas, onde estava a UNESCO, quando os professores dessas escolas, "produtores de conhecimento e figuras essenciais na transformação educacional e social", ao invés de serem reconhecidos, eram ameaçados, perseguidos, punidos, só por pretenderem concretizar as propostas do... "relatório"?

Num encontro realizado em São Paulo, escassos dias antes de ser nomeado ministro da educação, Renato Janine dirigiu-me a seguinte pergunta:

"Professor, os projetos inovadores surgem sempre na periferia do sistema, a partir da escola?"

Respondi que deveriam surgir de um "um novo contrato social para a educação", tal como rezava o relatório da Unesco, de uma espécie de pacto entre os ministérios e as escolas. O poder público deveria garantir estabilidade às equipes de projeto e conferir às escolas com projetos inovadores um grau de autonomia, que lhes permitisse, efetivamente, inovar.

Nada disso se fez. E, quando projetos considerados pelo ministério como inovadores tiveram visibilidade social, o que aconteceu foi a sua cristalização, recuo, ou mesmo a sua destruição.

Os autores do estudo, certamente, nunca tomaram conhecimento do fato. Por serem (presumo) do mundo da especulação teórica e estarem longe do chão dessas escolas, elas não teriam sido consultadas. Ignorando a sua existência, replicaram como se tratasse de uma novidade aquilo que, há muito tempo, elas haviam produzido. Mais uma vez, se reinventava a roda da educação.

O estudo incentivava o pensamento diferente sobre a aprendizagem, convidava a forjar uma nova visão regida por princípios como o reforço da educação como bem público e comum. Propunha que os países membros da UNESCO se comprometessem "a alocar entre 15% e 20% do gasto público à educação, bem como para aumentar o volume, previsibilidade e eficácia da ajuda internacional à educação por meio do cumprimento de uma doação de 7% do PIB para a ajuda oficial ao desenvolvimento". Mas, doar dinheiro seria condição suficiente, ou seria desperdício?

No final da segunda década deste século, o incansável Matias Alves e mais alguns colegas publicaram um estudo, que tinha por título "*Os pais no Conselho Geral das escolas: Entre a retórica da ação estratégica e a subordinação múltipla*".

Acolhi o estudo com algumas reservas, dado que fora conduzido por professores universitários. Como era apanágio desses colegas de ofício, o documento primava pelo rigor do enquadramento teórico e preocupações metodológicas, mas esse tipo de estudos não ia além disso.

Os burocratas ministeriais tinham manhas de sete raposas. Findados os estudos, contas eram prestadas ao patrocinador, dados eram compilados, conclusões eram armazenados. O estudo seguinte começaria, quando alguma agência de financiamento liberasse verba. E terminaria de modo idêntico aos anteriores, quando a verba acabasse. E aí por diante, sem que benefício expresso resultasse dos ditos estudos.

Nos idos de setenta, o primeiro estudo (sem patrocínio) realizado na Escola da Ponte dava pelo nome de "Autonomia, Participação e Democraticidade". Precisávamos saber qual a percepção dos pais dos nossos alunos, relativamente às mudanças operadas nos órgãos de direção e gestão. Por essa razão, me interessei por um estudo realizado cinquenta anos depois. Visava saber como os pais percepcionavam o papel de uma aberração legislativa – o Conselho Geral das Escolas –, que valor lhe atribuíam, como se inscreviam na ação que aí desenvolviam.

Para tal, foi enviado um questionário aos pais que exerciam funções nesse órgão. Posteriormente, os itens foram categorizados em seis dimensões: participação, deliberação, focalização, divulgação, relevância e relação entre pais e diretor. O questionário foi administrado *on-line*, entre finais de 2017 e o início de 2018. Transcrevo as principais conclusões:

"Expressiva dispersão de resultados, evidenciando uma visão heterogénea sobre as funções e relevância estratégica do CGE, o reconhecimento do condicionamento dos poderes externos (sediados no Ministério da Educação) e internos adstritos ao poder cognoscitivo dos professores e do diretor, uma sobrevalorização simbólica do órgão que não correspondia à

ação concreta, e uma visão restrita de comunidade educativa, onde não cabem a autarquia e os alunos".

A base normativa fora instituída por um decreto-Lei que a si próprio se justificava com a necessidade de perseguir três objetivos: *"reforçar a participação das famílias e comunidades na direção estratégica dos estabelecimentos de ensino; reforçar as lideranças das escolas; reforçar a autonomia das escolas".*

A hipocrisia do legislador não teve limites. Na prática, a revisão do regime jurídico da autonomia, administração e gestão das escolas em nada concorria para uma maior participação da comunidade. E instalava nas escolas mais um faz-de-conta de autonomia.

Afirmava-se pretender instituir normas que garantissem e promovessem o reforço progressivo da autonomia, e a maior flexibilização organizacional e pedagógica das escolas. Mas, retrocedíamos a uma situação anterior ao ordenamento jurídico de 1989.

O contrato de autonomia celebrado entre a Ponte e o ministério, em 2004, foi descaracterizado. Unilateralmente, a má-fé ministerial o rasgou. Em 2012, reduzida a autonomia, desrespeitada a vontade dos pais, foi imposto à Escola da Ponte o degredo em solo hostil.

No Brasil, uma administração educacional esclarecida apoiava e avaliava iniciativas inovadoras. Mas, ainda havia quem as tentasse destruir. Encontrei alguns documentos, que foram úteis nesses conturbados tempos, como um dos diálogos percursores dos termos de autonomia.

"No caso brasileiro, a LDB prevê autonomia progressiva. Você jogou a batata quente no colo dos professores e de sua apatia. Isto é complicado, pois, ao contrário de Portugal, a legislação brasileira não prevê instrumentos de autonomia."

A resposta a esta questão foi dada por uma professora brasileira:

> "Muito boa sua questão, pois ela nos permite pensar um pouco sobre a dimensão macro da nossa escola brasileira a partir do caso português. A lei portuguesa, mais especificamente o Decreto-Lei nº 115-A/98, de 04 de maio "Aprova o regime de autonomia, administração e gestão dos estabelecimentos públicos da educação pré-escolar e dos ensinos básico e secundário, bem como dos

respectivos agrupamentos." Trata-se de uma lei ampla, que envolve muitos outros aspectos, para além da abertura para que a escola contrate e dispense os seus profissionais.

Sou professora concursada da rede estadual de ensino do Rio Grande do Norte, há 16 anos. Durante esse tempo, jamais soube de nenhum caso de o professor ter sido dispensado, porque não atende aos objetivos do projeto da escola, ou mesmo porque, ano após ano, os seus alunos seguem em frente com enormes fraturas nas aprendizagens.

Pois bem, em Portugal o Decreto-Lei estabelece que o "projeto educativo, o regulamento interno e o plano anual de atividades constituem instrumentos do processo de autonomia das escolas". Neste sentido, a comunidade da Escola da Ponte estruturou e defendeu os seus documentos, conforme a sua realidade, a sua práxis, os seus princípios e concepções.

Quanto à lei brasileira, considero que há muitos clarões que ainda não soubemos aproveitar. E aí a batata está mesmo no colo dos profissionais de educação. Acredito que as mudanças realmente acontecem de baixo para cima. Tanto é que, em Portugal, por enquanto, só existe a Ponte com um contrato de autonomia assinado. E o Decreto-Lei é de 1998!

A Ponte conseguiu, porque já era autônoma, independentemente de papel, pois se fez transgredindo, o que não é comum se fazer. Somos medrosos, às vezes nada ousados.

Quando tudo começou, o iniciador aprendeu e ensinou que, para ser autônomo numa sociedade nada democrática, é preciso transgredir as normas estabelecidas, é preciso se expor, enfrentar, estudar, para saber explicar o porquê das coisas. Foi trabalhando aos pouquinhos, inicialmente de forma solitária, depois outros se juntaram.

Penso que, nem nos tempos mais difíceis, o iniciador do projeto duvidou de que fosse possível. E deve ter feito da esperança o antídoto para o medo. Deu no que deu... Agora, é a nossa vez. Fico feliz, porque sei que em muitos recantos do nosso país há coisas acontecendo."

Efetivamente, "estava acontecendo". Porém, ministérios e muitas secretarias de educação eram lugares onde escasseava competência e abundava corrupção intelectual e moral. Educadores que ousavam inovar sofriam pressões, eram alvos de ameaças impunes. Alguns resistiram. Outros acataram "ordens superiores" e desistiram.

No seu "Adeus às Armas", Ernest Hemingway escreveu:

"As melhores pessoas possuem um sentimento de beleza, coragem para arriscar, disciplina para dizer a verdade, capacidade para sacrificar. Ironicamente, as suas virtudes tornam-nos vulneráveis; muitas vezes são feridos, por vezes destruídos".

Pude comprová-lo, ao longo de décadas de projetos destruídos. E, por essa razão, requeri daqueles educadores que, há vinte anos, empreenderam caminhos novos, uma desobediência consciente e amorosa, aliada à assunção de autonomia.

Quando apelava ao FAZER, não desejava o seu afastamento, mas tão só que não se quedassem pela intenção. E que não agissem sozinhos, isolados. mas sempre em equipe, exercendo autonomia em relação a alguém. A autonomia, entendida como exercício concreto, estava embotada de equívocos. Em toda a autonomia existia dependência e, nesse tempo, não havia uma ciência da autonomia, apenas teoricismo inútil.

A autonomia a que me refiro estava para além de todos os determinismos e era agida em dinâmicas relacionais de difícil inventariação. Poderia, talvez, ser entendida como a capacidade de controlo de decisões, que não se confundia com a autonomia dos professores em sala de aula. O dador de aula não era autónomo, era autossuficiente, individualista.

A autonomia formal estava profundamente subordinada às dependências dos professores face a um currículo e a condições materiais do seu desenvolvimento, bem como sujeita a forte controlo administrativo. Esse facto poderá ser atribuído às características do sistema, à debilidade do reconhecimento específico da profissão, ou à dispersão das competências no campo educacional, pois, como diria Montero, os professores "participavan en el cómo, pero no en el qué". Nesse tempo, os professores raramente eram considerados como interlocutores.

Uma Ponte para a autonomia

Cheguei ao auditório onde iria fazer uma "palestra" ainda a tempo de escutar a palestrante que me antecedeu. A Emília falava de uma visita que fizera à Escola da Ponte, creio que em finais da década de oitenta, e de pormenores que a surpreenderam:

"Quando cheguei, achei estranho que não houvesse portaria. Tudo aberto, tudo acessível. Procurei o "gabinete do diretor" e não encontrei. Perguntei a uma criança onde estaria o diretor. Ela assim respondeu:

"Onde deveria estar, minha senhora? O professor Zé está com as crianças! Vá por ali, que já o encontra".

Após a minha vinda para o Brasil, visitava a Ponte, observando como a escola evoluía na minha ausência. As visitas de início do século me deixavam confortável. Dispondo de um contrato de autonomia – o primeiro contrato celebrado entre uma escola pública e um estado – a Ponte escolhia os seus professores e não havia "gabinete do diretor". Porém, os últimos tempos da minha participação no projeto foram conturbados. Para aqueles que por lá ficaram, tornou-se difícil a gestão de mais uma "crise", agudizada pela pérfida ação do ministério.

Eu conversava com alunos, que que tinham interiorizado o projeto. Eles se abriam comigo, manifestando senso crítico:

"Parece-nos que os professores novos andam muito desorientados. Precisam de alguém que os ajude a perceber como se trabalha na nossa escola."

"Porque dizeis isso?" – quis saber.

"Por exemplo... Ainda ontem houve problemas com uma professora. No debate da tarde, o Rui deu a sua opinião sobre um assunto, mas uma professora nova disse-lhe para estar calado".

"E então?" – insisti.

"E então, Professor Zé, o Rui respondeu assim: Eu fico calado, minha senhora. Mas o que eu disse tem de ficar na pauta do debate. Nesta escola, nós sempre fomos ensinados a dizer o que pensamos."

A Ponte estava, mais uma vez, a passar por tempos difíceis. Mas a inexperiência dos novos professores não era o principal fator de alguns "desvios de rota". Ao longo de mais de meio século, houve quem "invadisse" a Ponte com propósitos mesquinhos. E, quando os invasores primavam pela inteligência, discretamente conseguiam degradar um delicado sistema de relações. Quando se afastavam, remoíam ressentimento e degradavam a imagem social da escola tanto quanto era capaz a maldade humana.

Os professores – como todos os seres humanos – são uma mistura de belo e de horrível. Um dos invasores provocou danos irreversíveis. Referiu-se a colegas, num tom que refletia um ridículo complexo de superioridade:

"Com professores como os que temos, não é possível fazer um projeto."

Respondi:

"Foram professores como os que desprezas que fizeram da Ponte o que, hoje, ela é e representa. Muito antes de teres chegado com as tuas brilhantes teorias e contraditórias práticas. Nós não temos os professores que idealizamos. Temos professores concretos, tão limitados e capazes como tu, como eu. Aceitemo-los como são. Dêmos-lhes meios e o tempo de que precisam."

Esse invasor não partilhava informação útil. Manipulava-a, moldava a realidade do modo que lhe convinha. Apenas sensível aos seus argumentos, explorava a fragilidade dos professores mais novos, tentando destruir a minha reputação e o projeto.

Em Portugal, como no Brasil, precisei – precisamos, porque todo o projeto humano é coletivo – de curar feridas e ajudar a reconstruir projetos. Porque deveremos cuidar do que se trabalha e trabalhar o que se cuida. O cuidar dos outros, ajudando-os a refazer-se, pressupõe uma responsabilidade voluntária e um dom que os invasores não possuíam: o respeito.

Depois de realizada uma avaliação externa à Escola da Ponte e provada que ficou a sua capacidade de agir responsavelmente num quadro de autonomia, foi consagrado o primeiro dos contratos. Com a sua assinatura, a ministra da educação validou um modelo organizacional de escola pública não convencional, reconheceu a possibilidade de a Escola da Ponte se organizar «fora» dos moldes tradicionais.

Porém, com a alteração da lei da autonomia, banalizou-se o conceito e a prática, e o ministério produziu caricaturas de contratos. Ilegalmente, reduziu a autonomia da Ponte a um residual de direitos insignificantes. A esperança colocada no teor do "enquadramento jurídico (de 1989) se desvaneceu. Sucessivas alterações no decreto da autonomia anularam o seu potencial. O dever de obediência hierárquica se impôs. Os diretores acataram indignas determinações. Mais uma oportunidade de valorização da escola pública se perdeu.

Por ser diferente, a história da Ponte foi feita de sofrimento e resiliência. E a crítica, que se possa fazer a um projeto, a que doei trinta anos de vida, é a de ter emigrado para o outro lado do rio, contra a vontade dos pais dos alunos. Depois, ministros de má memória desrespeitaram o disposto no contrato de autonomia e a Ponte passou a acolher professores que só sabiam "dar aula". O projeto sofreu o isolamento, cristalizou. A Ponte poderia ir além, criando as bases de uma primeira comunidade de aprendizagem, mas optou por ser apenas uma referência de "turismo educacional" e lócus de centenas de pesquisas.

Os professores da Ponte foram inovadores e mudaram a história da educação. Mesmo discordando da sua opção, eu nutria um profundo respeito por eles. E admiração pelo bom acolhimento que dispensavam àqueles que, de longínquas paragens, a ela se dirigiam, para aprender.

Talvez por coincidência, no meu regresso ao Brasil, recebi um trabalho académico, de que extraí parte da introdução:

> "À comunidade escolar da Ponte, toda a minha gratidão, pela acolhida e generosidade da recepção, por ter me deixado vê-la por dentro. Em especial, à Dona Helena, que logo pela manhã, tão carinhosamente nos recebia. E, também, a todos os educadores que sustentam o projeto e que, quotidianamente, incentivam a criação de outras Pontes."

Muitos anos antes, havia sido lançado um "manifesto:

> "Os professores, os pais e a direção da escola vêm solicitando ao Ministério que cumpra os compromissos assumidos e assegure as condições mínimas para viabilizar a continuidade deste projeto. As suas exigências traduzem-se em solicitar ao Ministério: que celebre com a escola um contrato de autonomia que viabilize o seu projeto; a constituição de uma equipa de acompanhamento e avaliação; a disponibilização de instalações adequadas; a adequada estabilização do corpo docente.
>
> O Ministério da Educação faz o contrário do que diz. A retórica política tem enfatizado, como orientação central, o prémio ao mérito. A Escola da Ponte tem-se notabilizado pelos resultados obtidos pelos seus alunos nas provas de aferição à escala nacional. Neste caso, o mérito, em vez de premiado, é penalizado.
>
> O Ministério tem afirmado pretender favorecer o protagonismo das famílias, mas, neste caso, procede contra a sua vontade expressa. Afirma pretender a responsabilização das escolas através dos seus resultados, mas ignora-os e mostra-se incapaz de materializar um contrato de autonomia, previsto na lei.
>
> O Ministério apregoa o rigor na avaliação, mas ignora as conclusões e recomendações da comissão de avaliação externa, por si designada. E pretende negar a esta escola o cumprimento de competências que lhe são inerentes, quando, paralelamente, impõe a constituição à força de agrupamentos verticais.
>
> Os professores da Ponte têm razão! Não aceitam a perversão do seu projeto e, por isso, recusam dar-lhe continuidade, nos termos que o Ministério pretende impor. Achamos que os professores têm razão e, como eles, perguntamos se «é este o prémio que o Ministério da Educação reserva para as escolas de qualidade».
>
> Como professores e educadores, estamos preocupados com o futuro do projeto. Mas estamos, sobretudo, solidários com a comunidade educativa da escola e, em particular, com o grupo de professores que teimam em ser autónomos, criativos e donos da sua profissão, sem para isso pedirem prévia autorização.

> Fazendo nossas as palavras da Associação de Pais da Escola da Ponte, consideramos que "seria um absurdo que, por um capricho de governantes, sempre transitórios, este projeto se extinguisse". É algo que não podemos aceitar e a todos envergonharia."

As avaliações externas comprovaram a excelente qualidade do projeto, e a Ponte ganhara o direito de selecionar os seus professores, através de concurso universal, com parâmetros e critérios bem definidos. Os seus professores se assumiam integrados e autônomos, eram trabalhadores da educação ao serviço de um projeto, que uma comunidade adotara – a "*fixação local*" dos professores" era assegurada.

Entretanto, a lei da autonomia foi revista e abastardada, e de autonomia restou pouco. Entre 2008 e 2012, a ministerial prepotência descumpriu o contratado, descaracterizou a autonomia conquistada, desrespeitou as decisões da comunidade, desenraizou o projeto Fazer a Ponte, quando o exilou na margem hostil de um rio, que sempre separou culturas tradicionalmente (e infelizmente) inconciliáveis.

Quando um ministro dizia que "muita coisa" melhorara, que o "sistema melhorou", o que teria melhorado? Não dizia. Quanto muito, no campo da educação, diria que já todos os meninos iam à escola. E essa afirmação equivalia a fazer um elogio fúnebre da "massificação" do ensino. Pois, como diria o amigo João:

"Antigamente, eles não iam a escola. Agora, apanham-nos lá dentro e reprovam-nos. Afastam-nos com processos disciplinares. Mandam-nos para centros de explicações, para aulas suplementares de mais do mesmo. Envia-os para a educação de adultos, ou para escolas de "segunda oportunidade".

No Portugal do início de século, o modelo educacional prevalecente na maioria das escolas era o mesmo de duzentos anos antes, ainda que enfeitado de computadores e projetinhos, um instrucionismo disfarçado de comunidade de aprendizagem, de ensino híbrido ou de outras modas pedagógicas

À margem do irresponsável e dispendioso aventureirismo ministerial, uma escola logrou emancipar-se do modelo instrucionista. Foi reconhecida como a escola mais inovadora do país, recebeu a visita do Presidente da República, foi-lhe atribuída a mais alta condecoração que uma escola pode receber: a comenda da ordem da instrução pública. Como se não bastasse, foi distinguida com um contrato de autonomia, que lhe permitia concretizar uma efetiva gestão flexível do currículo e até selecionar professores que assumissem valores e princípios do seu projeto.

O exemplo dessa escola poderia inspirar o ministério e contribuir para evitar uma hecatombe escolar. Ela resistiu quanto pode. Ao cabo de alguns anos, roubaram-lhe a autonomia, retiraram-na da comunidade onde nascera, isolaram-na em território hostil.

Quem me perguntava por que razão eu fora embora do meu país, sabia a resposta. Sobrevivera um cansaço de dezenas de anos de confronto com a burocracia instalada no ministério. Porém, há exatos vinte anos, declarações de um ministro e de um secretário de estado, que eu bem conhecia, devolveram-me algum ânimo. E pedidos de ajuda, provindos de familias, autarcas, escolas, diretores, me fizeram voltar.

Por essa altura, o amigo Domingos assumia a presidência do Conselho Nacional de Educação. A Presidente cessante, a Maria Emília, assim se referiu à escola de que vos falo nesta cartinha:

"Num colóquio, a alguém que lamentava os professores da escola da Ponte por *"terem que ser missionários"*, respondeu José Pacheco: "A*ntes missionários, que demissionários!" (...)* Parece haver consenso quanto à necessidade de busca de novas formas de escolarização e de organização escolar, de adequação a novos paradigmas de mudança. E por que é importante a experiência da Ponte?

Em primeiro lugar, como um exemplo possível duma escola pública diferente, que *desnaturaliza* algumas características da escola tradicional e quer ter em conta as mudanças económicas, políticas e tecnológicas ocorridas ou em curso e, ao mesmo tempo, reforçar e desenvolver as suas qualidades democráticas e democratizadoras.

Em segundo lugar, como um ensaio de modos de inovar que sejam desejados e construídos pelos próprios interessados, designadamente pelos professores, a partir da escola, da sua situação, dos seus atores e parceiros.

Em terceiro lugar, como uma concretização de uma teoria e de uma prática de formação de professores baseadas *"no exercício profissional em contexto, combinando a ação e a reflexão coletivas"*.

Uma visitante da Ponte de meados dos oitenta asssim "desabafou":

> "Fui educada para comer, ouvir e calar. As pessoas não podem ser pessoas e passam as horas a treinar-se em algo que lhes dizem terem de ser.
>
> Gostaria de saber qual é o segredo da Escola da Ponte, que oportunidades de formação são dadas aos seus professores. O que os faz serem diferentes?"

Não havia segredo algum. E a pesquisadora Emília enunciava um princípio de "resposta":

> "Ao longo de 25 anos, foi alterando a sua estrutura organizativa, desde o espaço (de "*área aberta*", que as crianças percorrem como uma casa que verdadeiramente habitem), à gestão do tempo, ao modo (trabalho de pesquisa predominantemente), a uma muito maior participação dos alunos na planificação das aprendizagens e na vida social da escola, e a uma muito maior autonomia na sua realização.
>
> Inspira esta organização uma filosofia inclusiva e cooperativa que se traduz, por exempto, nas seguintes normas simples: todos precisamos de aprender e todos podemos aprender uns com os outros, quem sabe mais deve ajudar quem tem mais dificuldades. E quem aprende aprende a seu modo. O não estilhaçar da organização por *classes* implica um trabalho em equipa dos professores e a sua disponibilidade quase permanente."

A Maria Emília compreendeu que, se algum "segredo" houvesse, seria o trabalho em equipe, uma prática de formação transformadora. E a Cláudia disso falava, quando citava depoimentos professores da Ponte por si entrevistados:

> "As universidades não nos preparam para educar as crianças para a responsabilidade, para a autonomia, para saber pesquisar. Quem vem para aqui começa a ver o ensino de outra forma. Não faz

> sentido pensarmos em hierarquia dentro da equipe do projeto e sim em autoria coletiva".

A Ponte passou por situações de crise, enquanto não formalizou o seu contrato de autonomia. E, mesmo quando adquiriu o direito de selecionar os seus professores, a cultura profissional de alguns professores contratados deteriorou laços afetivos.

Uma formação inicial instrucionista, individualista, se fazia sentir. Assumindo atitudes contrárias ao exercício da solidariedade e de responsabilidade social, alguns recém-chegados fragilizaram esteios da cultura da escola. Os mais "antigos" comentavam as sucessivas crises de crescimento pessoal e profissional:

> "Há vários aspectos que dificultam um bocadinho a harmonia. A instabilidade do corpo docente desta escola tem sido imensa. Nem todas as pessoas que cá chegaram têm um embasamento no projeto igual aos outros, igual ao restante. Aquilo que um valoriza nem sempre é aquilo que todos gostariam que fosse.
>
> Eu sempre vi a minha escola como uma grande equipa, que funciona em equipa, que se articula da melhor forma possível. Não é? Que une esforços e que, de certa forma, se unifica em determinados comportamentos. Não é?"

Na Ponte, o antídoto para o individualismo começava a ser fermentado através do investimento no trabalho colaborativo, frente ao primeiro desafio: o da partilha do mesmo espaço de trabalho entre dois ou mais professores. A queda do individualismo também se fazia pela queda da organização hierárquica, pois não fazia sentido que na equipe existisse a subordinação de uns a outros e sim o desempenho de diferentes papéis.

"Ninguém deve pretender querer se sobressair aos outros porque, se isso acontecer, está tudo estragado. E se isso disseminar, ainda é pior".

Da matriz axiológica da Ponte constava o valor "autonomia". Na prática, uma autonomia relacional, em tudo oposta ao individualismo dos extremismos escolanovistas. A minha autonomia não terminava onde começava a autonomia do outro. A minha liberdade começava onde começava a liberdade do outro.

No início do século, o projeto Fazer a Ponte já tendia para práticas caraterísticas afins do paradigma da comunicação. Formalizara o seu contrato de autonomia. Estava bem implantada no seu território. Dispunha de um conselho de direção de maioria comunitária. Instaurara um sistema de relações de efetiva participação das famílias e da comunidade, que decidia o futuro doprojeto.

Todavia, o desgaste sofrido ao longo de décadas fez-se sentir. O autoritarismo da administração educacional forçou o desrespeito de legítimas decisões e esteve na origem de um processo de desintegração comunitária, de parcial burocratização das práticas, de perdas significativas de autonomia.

Aquando de mais uma tentativa de detruição do projeto, o Rui Canário dissera que a nossa escola inovara à margem do "sistema". Mas foi mais longe na conclusão:

> "Seremos mais exatos se afirmarmos que ela se desenvolveu *contra* as reformas, na medida em que se baseia em pressupostos e em soluções que são contraditórios com aquilo que tem sido a acção dominante da Administração. Na experiência da Escola da Ponte os professores falam pouco de autonomia, mas exercem-na e constroem-na, desde há muito. É uma autonomia não outorgada nem tutelada.
>
> Em contrapartida, a autonomia decretada pelo Ministério desencadeou (por boas ou más razões) um sentimento defensivo e de rejeição pelos professores, da autonomia *que lhes caiu em cima.* Parece ser óbvio que não é a mesma autonomia que está em causa.
>
> As preocupações com a flexibilidade da gestão curricular estão melhor representadas na experiência da Ponte (polivalência dos espaços, flutuação dos agrupamentos dos alunos, gestão autónoma dos tempos, diversidade de dispositivos de aprendizagem, organização democrática da vida da organização) do que nas sucessivas *reformas curriculares* que, em nome da flexibilidade, estabelecem, de modo *inflexível,* soluções uniformes (por exemplo, que a aula de 50 minutos seja substituída, em todo o lado, de forma obrigatória e *autónoma* pela aula de 90 minutos)."

João Barroso, o "pai" do decreto da autonomia das escolas, completava a reflexão do Rui:

> "O *caso* da Escola da Ponte não é um *episódio pontual*, mas, antes pelo contrário, constitui um exemplo paradigmático das posições e acções em confronto no debate actual sobre a escola pública: por um lado, os que, na Escola, se esforçam por promover um ensino justo, democrático, participativo, adaptado à diversidade e características dos alunos, pedagogicamente eficaz e civicamente activo; por outro lado, os que, no governo e nos meios de comunicação social, querem fazer crer que a escola pública está condenada ao fracasso, que a competição e o mercado devem ser os seus valores de referência, mas que, ao mesmo tempo, têm (ou defendem) políticas centralizadoras, burocráticas e conservadoras que a impedem de mudar e de se aperfeiçoar.
>
> Não pode ser reduzido a uma mera discordância quanto à maneira de gerir com mais eficiência os dinheiros públicos que o governo gasta na educação, em particular na gestão da rede escolar.
>
> A questão é política e interpela simultaneamente os defensores da escola pública que, neste caso, são confrontados com a necessidade de defenderem a existência de projectos pedagógicos próprios; e os defensores da introdução de uma lógica de mercado na educação que, neste caso, aparecem como acérrimos defensores da sectorização e da carta escolar, obrigando os pais a matricular os seus filhos numa escola determinada pelo Estado, em função de critérios meramente administrativos."

Nos projetos educativos ds escolas pontificavam os valores inscritos na Lei de Bases: autonomia, respeito, democraticidade... O projeto (escrito) continha abundantes citações de autores na moda, num discurso feito de pedagogia pseudo-humanista e de caricaturas de construtivismo. A prática era a negação daquilo que estava escrito.

Pais que aderiram a um projeto "diferente", conscientemente, crentes de que a autonomia seria construída através da cooperação, perguntavam:

"Como é possível desenvolver autonomia numa sala de aula, quando se considera o educador como objeto, mero executante de determinações?"

Logo surgiram torpes reações. E o esforço de uma pequena equipe de professores se perdeu entre os caprichos do diretor e a conivência de serviçais "professores", que, para não perderem o emprego, perderam a dignidade.

Como muitas outras, aquela escola era uma fraude sustentada por mensalidades milionárias. O rendimento académico pouco se distanciava de um mísero IDEB. Os padrões de comportamento refletiam uma herança civilizatória calcada na dominação, no autoritarismo. Os educadores, que ousaram não concordar com absurdas decisões, não puderam fazer ouvir a sua voz. Foram intimidados, ostracizados e até mesmo despedidos. E a escola permaneceu cativa de uma conceção de produção em série e do papaguear conteúdo.

Alguns pais, os mais conscientes da situação, reagiram, exigiram o cumprimento do projeto. Porque não foram escutados, pais e professores não desistiram – foram recomeçar em outro lugar.

À distância de quarenta anos, creio ser útil refletir sobre o conceito e prática de autonomia. A Ponte celebrara o primeiro "contrato de autonomia" de que há memória. Porém, de imediato, a administração pública engendrou modos de a mitigar ou anular.

O João dizia ser necessária uma efetiva defesa da Escola Pública, reafirmar os seus valores fundadores, perante a difusão transnacional da vulgata neoliberal que via no serviço público a origem de todos os males da educação e na privatização a alternativa.

A Ponte fora pioneira nesse campo. Ao cabo de quase trinta anos de porfiados esforços, logrou firmar com o estado português um contrato de autonomia. para ser autônoma, a escola extinguiu a função de diretor – que padecia do dever de obediência hierárquica – e entregou a direção do projeto à comunidade.

Quatro anos decorridos sobre a assinatura do contrato, o Decreto-Lei 75/2008 abriu novo ciclo na gestão das escolas portuguesas. O gestor do "agrupamento de escolas" (absurda criação normativa) passou a ser, novamente, um diretor. O novo velho modelo amplificou a distância entre professores e gestores, e fomentou a funcionarização dos docentes.

No texto do contrato de 2004 estava inscrito o direito à seleção de professores. Contudo, o decreto de 2008 produziu "retroatividade". E a estabilidade da equipe se perdeu por via da chegada de professores colocados em concurso geral, que reintroduziram no projeto práticas instrucionistas.

De nada valeu o comentário do Afonso:

> "A formatação excessiva da gestão das escolas, expressa na regulamentação e na prática da burocracia da administração educacional, têm constituído um fator poderoso de ineficácia, de ineficiência, e de inibição da emergência de lideranças escolares de elevado potencial de inovação."

A Escola da Ponte representava uma singularidade, na qual era possível "vislumbrar a totalidade sistémica dos problemas que se colocava ao sistema, bem como algumas hipóteses sólidas de possíveis soluções que contrariam um proverbial ceticismo". Aquando da publicação desse depoimento do amigo Nóvoa, o "sistema" ainda não havia adotado as "possíveis soluções" encontradas pela Ponte, em meados de setenta e ainda não achara outras soluções para velhos problemas: "o da organização escolar e da sua gestão, aos problemas da inclusão e da construção de uma vida escolar democrática e participada, ao problema de exercer o rigor nas aprendizagens com base no gosto por aprender, ao problema de fazer coincidir a formação de professores com a construção autónoma de uma profissionalidade responsável."

A defesa da Escola da Ponte passou a representar para muitos educadores e cidadãos um meio de preservar e promover um serviço público de educação que tivesse como vocação o sucesso de todos e fizesse da participação de professores, alunos e pais um exercício permanente de cidadania.

Nóvoa, de novo:

> "O Projeto Educativo que, ao longo dos últimos 25 anos, vem sendo construído por um coletivo de professores, na Escola da Ponte constitui um sinal de esperança para todos os que acreditam e

> defendem a possibilidade de construir uma escola pública aberta a todos os públicos, baseada nos valores da democracia, da cidadania e da justiça, que proporciona a todos os alunos uma experiência bem-sucedida de aprendizagem e de construção pessoal."

A atitude adotada pelo Ministério da Educação, ao longo de um quarto de século, ilustrava a realidade profunda que marcava a sua política e a contradição entre os atos e a retórica. O mérito era penalizado e o protagonismo das famílias era contrariado.

Em 1976, quando cheguei à Ponte, encontrei um povoado em crise, afetado pelo desemprego, pela poluição, pela corrupção. Muitos avenses haviam emigrado. A um cenário desolador se juntou a impressão que me ficou, ao deparar com um edifício construído no século XIX, arruinado, a que davam o nome de "escola". No terreno em torno da "escola", quando a chuva e o vento não o fustigavam, o transformávamos em "sala de aula reinventada", no seio de uma comunidade.

Enlaçadas pelo abraço mesopotâmico de Entre Ambos-os-Rios (Ave e Vizela), as pequenas paróquias de Santo André de Sobrado e de São Lourenço de Romão se lhe untaram. A etimologia celta descrevia uma ecúmena rodeada por três rios – era a "Terra de Entre-Ambolos-Aves", de Entre-Águas, ou apenas "Aves", como o mapa de Portugal mostrou.

Em 1983, compus um roteiro, publicado pela Junta de Freguesia. Nele se explicava a origem da toponímia de um aglomerado de aldeias conhecidas por "lugares" dispersos, sem uma ágora congregadora: Fontaínhas, Bom Nome, Paradela, Santo Honorato, Ponte Nova... Mas, uma escola havia criado profundas raízes numa terra dispersa. Três décadas bastaram para agregar bairrismos, onde os rios Ave e Vizela se abraçavam. Dediquei mais de metade de meio século do exercício da profissão de professor a uma comunidade, a um projeto.

Até que chegou um tempo em que, traindo a decisão soberana de um Conselho de Escola, de uma comunidade que queria manter a escola em Vila das Aves, gestores hierarquicamente obedeceram, permitindo que o projeto fosse arrancado das suas raízes.

De que servia o contrato de autonomia de 2004?

Em 1976, nela não encontrei professores "vivos". Só contei com a participação de quatro pais. Nesse mesmo ano, a primeira associação de pais foi criada e a ideia de comunidade começou a ser esboçada. Decorridos oito anos, chegaram a Maria Luísa e a Maria José. Embora não-oficialmente, uma equipe de três professores partilhou a direção e gestão da escola com as famílias dos alunos. Até que, em 2004, o primeiro contrato de autonomia conferia aos pais a direção da escola.

Em 2012, as decisões dos pais dos alunos foram desrespeitadas. E esse fato expôs a escola à perfídia do ministério. A Ponte perdeu muitos dos direitos conquistados ao longo de quase meio século.

Esta breve cronologia explica acomodações e retrocessos. A Ponte continuava sendo a melhor das escolas, mas distante do seu projeto e fragilizada.

No agosto de vinte e três, pela enésima vez, enviei convite ao diálogo, ofereci ajuda. Não à Direção da Escola, mas à Associação de Pais. Seria o último dos convites, a última oportunidade de retomar um projeto interrompido.

A Autonomia da Escola da Ponte

O Contrato de Autonomia celebrado entre a Escola da Ponte e o Ministério da Educação de Portugal foi o corolário de trinta anos de denodados esforços e um ponto de viragem do projeto. A Ponte tinha criado mais um precedente legal. A partir daí, todas as escolas poderiam requerer a celebração de idêntico contrato, assumir-se em autonomia, poderia escolher os seus professores e se organizar de um jeito próprio.

Ficavam consagrados os objetivos que ambas as partes definiam como fundamentais no exercício da autonomia pela a escola e o tipo de relação estabelecido entre a escola e a administração educacional. No entanto, os ministérios não têm muito interesse em abdicar do controlo do sistema. Após ser realizada uma avaliação externa e provada que ficou a nossa capacidade de agir responsavelmente num quadro de autonomia, não restou saída se nãi a da celebração do contrato. Qual o significado desse contrato?

Com a sua assinatura, o Ministério validou um modelo organizacional de escola pública não convencional, isto é, reconheceu a possibilidade de a Escola da Ponte se organizar "fora" dos moldes tradicionais! Mas isto não significou total autonomia curricular!

O currículo é um instrumento de controlo estatal poderoso, de que nenhum ministério deseja abdicar. O currículo garante a uniformidade e normalidade do funcionamento do sistema, fica "mais fácil" a sua gestão. A ideia original seria o Ministério passar para as escolas uma grande parte das competências que detinha (a nível financeiro, de gestão de pessoal e de organização). Paralelamente, as escolas teriam de prestar "contas" mais rigorosas. Mas, aquilo que começou como uma boa ideia (a Lei e Bases de 1986) demorou muito tempo a ser aplicado e o espírito da coisa foi deturpado. Quando começou a ser aplicado, logo o Ministério resolveu generalizar, subtraindo competências nos contratos posteriores ao nosso.

O Contrato de Autonomia da Ponte foi produto de conflito, resiliência e de inabalável esperança. Uma esperança desvanecida aos poucos. Muitas das competências conferidas à Ponte já estavam enquadradas na lei geral. Por exemplo, a implementação de um novo sistema de avaliação de desempenho dos professores. E o ministério impunha à Ponte a sua aplicação. A regulamentação dessa avaliação estava fundada numa racionalidade técnica, administrativa, de cariz instrucionista, algo que a Ponte abandonara, há trinta anos.

O Contrato de Autonomia era explícito nesse domínio, e conseguimos ultrapassar essa dificuldade. Porém, relativamente ao desenvolvimento curricular, tínhamos como intenção substituir os programas do Ministério da Educação pela prática de um currículo de educação integral tridimensional, que atendesse à multidimensionalidade do ser humano.

O Ministério havia lançado um documento intitulado "Currículo Nacional do Ensino Básico – competências essenciais", que questionava o currículo oficial. Os dois documentos eram, em muitos pontos, contraditórios, mas se mantiveram em vigor, como muitas outras iniciativas ministeriais. Mais tarde, tirando partido da ambiguidade de normativos "nados mortos", o ministério viria a descumprir para te do contrato.

Durante a "era dos extremos", que foi o século XX, o mundo capitalista pautou-se por um ideal de homem autônomo, porém muito pouco solidário. Por outro lado, os países socialistas cultivaram um homem compulsoriamente solidário e muito pouco autônomo. O desafio de construir um novo horizonte antropológico para a Educação levara muitos educadores a se voltarem para a formação do homem autônomo e solidário aproveitando o melhor dos dois mundos: os ideais de liberdade do Ocidente e os ideais de solidariedade que inspiram o mundo socialista.

Que tipo de sociedade deveríamos ajudar a construir?

Em trinta anos de intensa labuta, se exauriram energias. Após a assinatura do contrato, optei pelo exílio voluntário em terras brasileiras. No Brasil, esta questão já estava respondida no artigo 30º da Constituição Federal:

"I- Construir uma sociedade livre, justa e solidária;
II- garantir o desenvolvimento nacional;
III- erradicar a pobreza e a marginalização e reduzir as desigualdades sociais e regionais;
IV- promover o bem de todos, sem preconceitos de origem, raça, sexo, cor, idade e quaisquer outras formas de discriminação".

Mas, como fazer?

A pergunta nos remetia à questão dos meios da educação: se quiséssemos transmitir novos valores a novas gerações, não deveríamos limitar-nos à dimensão dos conteúdos intelectuais, transmitidos através da docência. Deveríamos ir além, contemplar o domínio afetivo, emocional, ético, estético, até mesmo espiritual.

Educar de acordo com essa visão obrigava a criar espaços para que o professor pudesse empreender ele próprio a construção do seu ser, ou seja, a realização de suas potencialidades pessoais e sociais. A adoção da conceção de orientador educacional nos conduziria à formação do jovem autônomo e solidário. O perfil do Orientador educativo da Ponte era explícito:

"RELATIVAMENTE À ESCOLA E AO PROJECTO

Cumpre com pontualidade as suas tarefas, não fazendo esperar os outros.

Revela motivação e disponibilidade para trabalhar neste projeto.

Contribui, ativa e construtivamente, para a resolução de conflitos.

Contribui, ativa e construtivamente, para a tomada de decisões

Toma iniciativas adequadas às situações.

Alia, no desempenho das suas tarefas, a criatividade à complexidade, originalidade e coerência.

Apresenta propostas, busca consensos, critica construtivamente.

Produz ou propõe inovações.

Procura harmonizar os interesses da Escola e do Projeto com os seus interesses individuais.

Age de uma forma autônoma, responsável e solidária.

Procura fundar no Projeto os juízos e opiniões que emite.

Domina os princípios e utiliza corretamente a metodologia de Trabalho de Projeto.

Assume as suas falhas, evitando imputar aos outros ou ao coletivo as suas incapacidades.

Procura dar o exemplo de uma correta e ponderada utilização dos recursos disponíveis.

RELATIVAMENTE AOS COLEGAS

Está atento às necessidades dos colegas e presta-lhes ajuda, quando oportuno.

Pede ajuda aos colegas, quando tem dúvidas sobre como agir.

Permite que os colegas o(a) ajudem quando precisa.

Mantém com os colegas uma relação atenciosa, crítica e fraterna.

Reconhece e aceita criticamente diferentes pontos de vista, procurando ter sempre o Projeto como referência inspiradora.

Procura articular a sua ação com os demais colegas.

Apoia ativamente os colegas na resolução de conflitos.

RELATIVAMENTE AOS ALUNOS

Mantém com os alunos uma relação carinhosa.

Procura ajudar os alunos a conhecer e a cumprir as regras da Escola.

Procura ser firme com os alunos, sem cair no autoritarismo.

Procura tomar atitudes em sintonia com o coletivo.

Procura acompanhar de muito perto e orientar o percurso educativo dos seus tutorados."

Dilemas e contradições

Em Portugal, era frequente lermos intervenções públicas reveladoras de uma preocupação: os professores já não conseguiam ensinar.

Na contracorrente de um mundo ao contrário, eu tinha escrito que não me preocupava com aquilo que os professores não conseguiam ensinar, que me preocupava com aquilo que os professores ensinavam. Porque o professor era mais aquilo que fazia do que aquilo que sabia. E era mais aquilo que era do que aquilo que fazia Os professores ensinavam aquilo que era, transmitiam valores, porque a aprendizagem é "antropofágica".

Os valores manifestam-se no chamado "currículo oculto". A adoção da conceção de "orientador educativo" nem sempre contribuía para a formação do jovem autônomo e solidário. Havia fatores que não controlávamos. Seria necessário pensar a autonomia dentro do contexto da cooperação e da liberdade como conteúdo sociomoral, no contexto de um projeto solidário.

A autonomia dos jovens alicerça-se num processo simbiótico, não é a organização do caos das solidões. Quanto mais autônomo é o sujeito, menos isolado se encontra. A autonomia organiza-se sobre a dependência e reforça-se nas suas contradições. Quando chegavam à Ponte, carregavam vícios, e se lhes perguntávamos, por exemplo, o que gostariam de fazer, respondiam:

"Mas... eu posso dizer? Eu posso dizer o que gosto de fazer?"

Dias a fio, escutaram respostas a perguntas que nunca tinham feito. Milhares de horas de sala de aula, onde desistiram de perguntar, onde desistiram de sonhar, porque tinham destruído a sua juvenil curiosidade.

Se os seus novos companheiros não os apoiassem, passavam horas, dias, sem nada fazer.

Nos primeiros tempos, a solução era sempre a mesma: conversar com os alunos transferidos de outras escolas para a Ponte.

Brecht isto poetou: "Do rio que tudo arrasta, diz-se que é violento. Mas ninguém chama violentas às margens que o comprimem". Por vezes, mostrava-se bem difícil libertar os novos alunos da heteronímia e de outras violências.

O exercício vivenciado da autonomia gerava conhecimento como instrumento real de ação sobre o mundo. E a ausência de autonomia que denotavam não era apenas causada "ensino tradicional". Só usávamos essa expressão, para nos fazermos entender. Não existia tensão entre "tradicional" e "inovador". A inovação produzida era sempre construída na tradição. Na Ponte nada acontecia no improviso, no vazio.

Não era a mera intenção de projeto que operava mudança. Ela decorria de uma predisposição pessoal e coletiva. Era processo sempre inconcluso.

Nos idos de oitenta, uma visitante da Ponte assim se manifestou:

> "Naqueles que ousam mudança subsiste certo desespero: o de saber que é possível o que muitos tornam impossível. Imaginem-se na condição de um professor em uma escola tradicional: em seu lugar, o que vocês fariam para estimular e ajudar seus alunos a serem mais autônomos?
>
> É possível fazer alguma coisa nesta direção, mesmo estando numa escola tradicional, que não se organiza e não se estrutura da forma como a Ponte se organiza?
>
> Recuo aos meus anos de aluna e relembro a heterogeneidade de práticas dos meus professores. Diferentes aulas com distintos professores representavam diferentes mundos. Inevitavelmente, a postura dos alunos em cada uma delas alterava-se, porque as exigências não eram as mesmas, porque os princípios básicos de convivência social não eram uniformes nesses mundos, porque o que era impensável numa hora era consentido na hora seguinte, enfim, porque não existia um projeto norteador de práticas.
>
> Se eu tenho de dar aulas sozinha de uma disciplina a turmas em salas fechadas e a cumprir horários, como posso aplicar as estratégias utilizadas na escola da Ponte?

Teria de começar com um núcleo de iniciação para os alunos adquirirem autonomia e responsabilidade? Mas para fazer isto não preciso a autorização da direção?"

Eram questões pertinentes e, de fato, inquietantes num contexto de escola moldado por valores "tradicionais", nos antípodas da Ponte. A concretização plena dos valores matriciais de um projeto como o Fazer a Ponte exigia a alteração total da cultura organizacional de uma escola dita "tradicional".

Um professor da Ponte respondeu. Tive acesso ao seu "recado escrito" e o transcrevo (sem alterações, que gostaria de introduzir...).

"Apesar de não conhecer a sua realidade, deixo algumas sugestões:

Discutir com os seus alunos os direitos e deveres que eles terão nas suas aulas;

Discutir com os seus alunos a ordem de trabalho de cada um dos temas do programa (em algumas áreas isto é mais fácil do que noutras);

Promover claramente o trabalho de grupo;

Estimular os alunos a desenvolverem ficheiros autocorretivos (com a ajuda do professor e com exemplos do próprio professor);

Estimular claramente os alunos a explorar as "fronteiras" dos seus conteúdos;

Estimular os alunos a ver as reflexões da sua área com a realidade e, sobretudo com a sua realidade;

Mostrar-se completamente aberta para o que os seus alunos têm a dizer;

Respeitar cada aluno na sua individualidade;

Exigir o que cada aluno pode dar, fazer.

É lógico que muitos dos pontos acima já serão aplicados por todos os professores. Contudo, o contexto em que são aplicados pode alterar radicalmente o seu efeito.

Por outro lado: comece devagar e de forma segura. Explique bem os seus propósitos aos alunos e aos pais. É uma caminhada lenta, mas necessária. Dou um exemplo da minha área:

No programa de Matemática, aprovado pelo Ministério da Educação, encontramos aspetos relacionados com a tomada de decisões em situações reais. Ora, se os alunos não estão em situações reais e não tomam decisões, como poderemos cumprir esta parte do programa?

Por outro lado, se os alunos não estão interessados, motivados e não consideram o seu trabalho significativo, o seu trabalho não é rentável. Se a motivação e a autonomia do aluno são construídas aos poucos, através de processos consecutivos e estimuladas em ambientes diversificados, entre seus pares, pode-se dizer que são atribuídas responsabilidades para cada participante, seja aluno, docente, coordenação, direção."

Eu colocaria uma questão que pode parecer uma forma de fugir à sua questão, mas que, sinceramente, não o é. O aluno está completamente desmotivado para todo o tipo de trabalho? Eu pergunto "para todo o tipo de trabalho" e não "para todas as possibilidades de trabalho que o professor lhe apresente". Muitas vezes, começando por questões que aparentemente não possuem nada de "escolar" consegue-se trabalhar imensos assuntos "escolares".

Outro professor da Ponte acrescentou:

"Precisamos de tempo para conhecer aquele com quem interagimos, numa postura de diálogo, de aceitação, de autoconfiança e empatia, libertando-nos o mais possível das nossas defesas e dos preconceitos. Se o fizermos, teremos consciência de que aquela criança de que fala não pode ser desmotivada para tudo.

Deveremos questionar-nos sobre as causas dessa desmotivação, muitas vezes inerentes a um contexto familiar frágil, a sucessivas marginalizações. Por outro lado, devemos valorizar as experiências pessoais desse aluno, atender aos seus interesses, por mais distantes que consideremos que estejam do padronizado para o contexto escolar.

É importante ainda que haja uma relação pedagógica próxima, relacionada com uma pedagogia da comunicação, como propunha Paulo Freire.

> O espírito de entreajuda dos pares desse aluno também pode ser essencial. Considero que deveremos ter a humildade de reconhecer que as respostas que temos (ou, no momento, conhecemos) podem não ser as mais adequadas para esse aluno e procurar outras soluções, solicitando a colaboração da família (quando isso é possível), dos colegas e de outros profissionais.
>
> Sou professora de ciências e nossa escola está passando nesse momento por mudanças, com o intuito de alcançarmos a vislumbrada autonomia democrática dos nossos alunos, não esquecendo a autonomia dos próprios professores.
>
> Nesta semana, nós (alunos e professores), estamos discutindo um texto que define os termos democracia, anarquia e ditadura. Nele, nós identificamos que para alcançar a democracia, inevitavelmente o grupo oscilará por situações anárquicas.
>
> É sempre fácil dar conselhos que não nos afetam diretamente. No entanto, cá vai: é preciso ter a certeza do destino certo, não do percurso, que esse pode ser alterado muitas vezes, mas do destino.
>
> Por outro lado, é preciso ir apreciando as pequenas vitórias, que vão surgindo, e apreciar os erros com o que eles possuem de positivo.
>
> É preciso assumir o nosso papel, mas o nosso papel é o de tomar decisões, que podem ser complicadas, mas dentro de um quadro de referência que todos partilhem. Cada atitude mais forte deve ser claramente explicada aos alunos dentro do quadro de referência partilhado. Penso que eles compreendem bem que certas atitudes são absolutamente necessárias."

Opto por um tom coloquial, por se tratar de uma práxis descrita pelos seus autores e atores. Escutemos outro professor da Ponte:

> "As transformações são lentas e apelam mais à afetividade do que a outra coisa qualquer. Qualquer pessoa tem necessidade de estabelecer relações estáveis e significativas. Assim, os alunos que chegam vindos de outras escolas apercebem-se facilmente de que nós nos preocupamos mesmo com eles, mesmo quando falamos num tom um pouco mais duro, ou quando a Comissão de Ajuda reúne com eles para tentar melhorar algum comportamento."

O processo é lento, extremamente complexo e gradual, mas todos nós somos sensíveis ao que os nossos pares fazem. Há sempre pequenos progressos, que é necessário valorizar.

Por vezes, quase temos vontade de desistir. Mas é uma pessoa que está connosco todos os dias e temos a obrigação de fazer o melhor. E os outros alunos são uma mais-valia imensa.

O processo de autonomização tende a ser, em muitos casos, de aceleração acentuada. Ou seja, pequenos avanços levam a avanços maiores. É lógico que, se a história que está para trás é mesmo muito má – e é há casos em que o é – as coisas demoram mais tempo a mudar e os alunos precisam mais do nosso apoio. Este apoio pode ter de passar por um planejamento conjunto e por termos de "impor" ao aluno o que ele tem de trabalhar, com quem e quando. Mas isto só sucede num número muito reduzido de casos.

O que pode dar sentido à escola é da mesma natureza do que pode dar sentido às nossas vidas. Sinto que me vou repetindo, mas não me cansarei de dizer que, só dando sentido à sua vida, o educador poderá ajudar o aluno a dar sentido à sua vida, e ajudar a escola a (re) encontrar a sua vocação.

Para que o sentido aconteça, é preciso ler, estudar, ousar agir.

Uma das grandes queixas dos professores em geral, no Brasil ou em Portugal, diz respeito à motivação dos seus alunos: "não querem nada", "não demonstram entusiasmo pela aprendizagem", "têm preguiça de estudar", "parecem ter a cabeça na Lua" – são algumas das muitas reclamações de professores com relação a alunos em geral, com raras e honrosas exceções.

Creio ser oportuno recordar que a Ponte acolhe muitos alunos que são jogados fora por outras escolas. São alunos que nos chegam totalmente desmotivados relativamente ao trabalho escolar. Esses jovens terão outras motivações...

As escolas são espaço e tempo de lazer e de esforço. Como espaço lúdico e de trabalho, a Ponte desenvolve uma cultura de cooperação, que ajuda os alunos recém-chegados a "motivarem-se". Isto é: são ajudados a reconhecerem-se como pessoas, para verem os outros como pessoas; são apoiados pelos tutores e pelos outros alunos na recuperação da autoestima; são incentivados a fazer perguntas.

A partir dos questionamentos, o aluno recém-chegado empreende caminhos de descoberta de si, dos outros e das coisas. No desenvolvimento de projetos, o aluno atribui significado à sua atividade, produz aprendizagens significativas, sabe por que faz aquilo que faz.

A motivação acontece, também, no saber o porquê. Imagine-se na situação de um professor numa escola tradicional, que deseja incentivar os alunos, que parecem não querer estudar e aprender aquilo que ele tem para lhes ensinar. Em seu lugar, o que vocês fariam? Que estratégias procurariam aplicar para despertar e manter a motivação dos alunos?

Quando um aluno não quer estudar, ou o aluno está doente, ou está doente a escola. Ou estão ambos doentes. Sem professores motivados, haverá alunos motivados? Se os professores só derem respostas e não se questionaram, que sentido terá ensinar? Se os alunos não forem incentivados a fazer perguntas, que sentido terá a aprendizagem?

A reflexão sobre a motivação deverá partir, não dos efeitos (ausência de motivação), mas da sua causa principal: o sem sentido da escola. Será necessário que os professores não vejam a desmotivação do aluno como "o problema". O aluno não é "o problema" para o professor, como o doente não é o problema para o médico.

Escrevi, há três décadas, que não há só dificuldades de aprendizagem no aluno, que há também dificuldades de ensinagem no professor. Os valores que orientaram o projeto pedagógico tradicional estão em crise, desde há muito tempo.

A atividade educacional, sobretudo na família e na escola, tornou-se vazia, em decorrência dessa crise de valores. Em primeiro lugar, os professores deverão desenvolver o dom de se interrogar, de dar sentido à sua existência, para dar sentido à vida dos seus alunos e à escola.

Falo de interrogações radicais, daquelas que eu tenho por hábito fazer, quando me refiro à instituição escola: Por que há séries? Por que há professores sozinhos, na sala de aula? Por que há prova, exame? Por que há diretor e livro de ponto nas escolas?

Quando os professores tiverem mais interrogações do que certezas encontrarão caminhos para reconfigurar a escola. Há muitos caminhos para devolver a motivação aos alunos. Não há receitas, mas há predisposições (ou não há?) nos professores. O professor é a chave.

O passado da Escola da Ponte prova que a convicção e os ideais de uma pessoa podem cativar outras mentes, fazer despertar importantes reflexões e mostrar novos e possíveis caminhos de autonomia. A mudança não assume sustentabilidade, se for súbita, parcial, reclusa numa sala de aula. Mas foi em turmas-piloto que ela teve início em muitas escolas ditas "tradicionais".

Aqueles que nos chegavam de escolas (ditas) tradicionais não entendiam a linguagem e a prática da liberdade (que é sempre uma autonomia relativa). Confundiam-na com licenciosidade e libertinagem. Então, exercíamos autoridade. Isto é: carinho e firmeza, num equilíbrio sempre precário, até que o aluno entendesse que havia direitos, mas também deveres, e que a Ponte era um espaço diferente da escola anterior.

No Núcleo de Iniciação, o processo de adaptação era demorado, complexo, afetado por súbitas e longas crises, regressões. Se o aluno não sabia fazer autoplanificação, os professores deveriam ajudá-lo a aprender como se fazia. E muito mais! Os jovens que chegavam à Ponte deveriam aprender a pedir a palavra, a trabalhar em equipe, a gerir autonomamente tempo e espaços de aprendizagem.

A autonomia do aluno

Dado que a aprendizagem é antropofágica – não se aprendia aquilo que o outro dizia, mas o que o outro era – os professores eram exemplos para os alunos. Foi instalada uma assembleia. Quem visitava a Ponte e assistia a uma reunião dessa assembleia emocionava-se com a maturidade cívica das crianças.

As leis não eram objetos perfeitos e a Lei de Bases não era exceção. Limitava a participação dos jovens nos órgãos de Direção: "*A participação dos alunos circunscreve-se ao ensino secundário*". Eu assistira a reuniões nesse nível de ensino e chegara à conclusão de que os jovens do "secundário" (e muitos deputados da Nação) beneficiariam de assistir às reuniões de jovens da Ponte.

A "participação dos alunos" circunscrevia-se "ao ensino secundário" e consistia num "faz-de-conta". A participação cidadã dos alunos da Ponte na sua assembleia era "legalmente" proscrita, embora a sua quotidiana aprendizagem da autonomia fosse mais efetiva do que a autonomia "oficial", que a lei apenas reconhecia a um "superior" ensino.

Relações de constrangimento não favorecem o desenvolvimento moral, dado impedirem o desenvolvimento da autonomia, porque a criança adota e constrói as regras exteriores. A liberdade que esta ação pressupõe é conflitual com a obediência à autoridade, que caracteriza a apreensão das regras sociais e morais, na escola. E a submissão a regras alimenta-se da necessidade que a criança tem de elogio e de fuga a punições. A perversão do processo de autonomização tem por contrapartida a artificialidade na relação da criança com o professor e com os colegas.

Na linha de presunção de que as escolas deveriam fazer a "preparação para a cidadania" e não educar os jovens no exercício da cidadania, a lei considerava que apenas o "ensino superior" seria digno de beneficiar de autonomia científica e administrativa, acumulando a financeira. Não outorgando idêntico direito ao ensino considerado "inferior", a lei o condenava a um estatuto de menoridade. Na racionalidade hierárquica, os professores do ensino "inferior" eram filhos de um Deus menor.

Os professores da Ponte utilizavam um referencial piagetiano de suporte ao desenvolvimento moral dos alunos, numa práxis de co-dependência no desenvolvimento cognitivo e sociomoral. Mas, outros autores eram convocados. Situações de conflito eram transformadas em "agenda" de discussão democrática, nas reuniões da Assembleia e em rodas de conversa. A dita "indisciplina" se transmutava em possibilidade de cooperação, em crescimentoo autonómico, numa autonomia com os outros.

Na Ponte, a autonomia era pensada dentro do contexto da cooperação e do exercício de uma liberdade responsável – de um exercício de cidadania. Se não o fosse, converter-se-ia numa mortal autossuficiência.

Era uma autonomia vivida na relação pedagógica mediatizada por dispositivos de relação: a Assembleia, os acordos de convivência, a lista de direitos e deveres, o "eu já sei e posso ajudar". Tudo servia de oportunidade de desenvolvimento sociomoral.

Para além de Piaget (o referencial piagetiano é incontornável), poderei referir uma autora com grande influência na Ponte, neste particular: a Konstance Kamii. Recomendo a sua leitura. Os dilemas engendrados pelas situações de conflito eram fonte de debate e desenvolvimento. Não fazíamos "sermões", nem enveredamos por discursos "moralistas", que nada acrescentavam nem transformavam.

Os alunos só aprendem autonomia se os professores forem autônomos e a organização da escola se ajustar à proposta de teoria crítica de Giroux, à da autonomia relativa de Fritzell, aos trabalhos de Mahler, Murphy e outros. O "segredo" está na cultura da escola e no clima de escola. Mas está, fundamentalmente, nas pessoas.

Há trinta anos, a Ponte compreendeu que, se as pessoas (professores, pais, agentes comunitários) culturalmente não mudassem, a escola não mudaria. O primeiro apoio à reelaboração cultural veio de alguns pais, que, após entenderem a intenção dos professores, aderiram e apoiaram o projeto. Depois, contou com o apoio de alguns professores (no inicio do projeto, uma minoria). E tudo foi feito lentamente, todas as mudanças foram resultantes de uma preparação meticulosa e objeto de uma avaliação rigorosa.

Uma nova estrutura foi ganhando forma e sendo reforçada pelos resultados obtidos e pela adesão de outros pais e professores. A Ponte encontrou uma forma de concretizar a utopia de fazer das crianças e jovens seres mais sábios e pessoas mais felizes. Haverá muitas outras formas (não há fórmulas, receitas), que outras escolas poderão encontrar.

O modo primeiro foi o estabelecimento de acordos de convivência, o desenvolvimento sociomoral e sócio afetivo dos alunos, potencializado por dispositivos como a Comissão de Ajuda, a Caixa dos Segredos, os encontros com o professor-tutor, que teve por principal referência (embora haja outras) o trabalho de Kolberg e de Erickson.

Quando falo de desenvolvimento, falo de afeto, mas eximo-me de um idealismo piegas, para abordá-lo como Freinet o entendia: para aprender, transformar e viver é preciso fechar as fronteiras entre o intelectual e o afetivo, entre o brincar e o desafio intelectual. O professor precisa conhecer as necessidades do aluno, tanto as cognitivas quanto as afetivas, precisa conhecer sonhos e frustrações contemplar a multidimensionalidade do ser humano. É necessário, sobretudo, que o professor emocional e afetivamente se conheça.

Erradicamos cartesianas segmentações como "turma" ou "tempo letivo" –um professor, que "dê aula" a vinte ou trinta alunos, como poderá conhecer a pessoa do aluno número 17 da turma G do 8º ano?

A praga da "indisciplina", de que professores de outras escolas se queixavam, não seria resultante da falta de comunicação? Esses professores estavam sozinhos em sala de aula. E a solidão dos professores era da mesma natureza da solidão dos alunos.

A "indisciplina" é filha dileta do autoritarismo. E nós exercíamos autoridade com afabilidade. Essa benevolente autoridade era completada pelo estabelecimento de regras pelos próprios alunos. Eram eles que propunham, discutiam, aprovavam e faziam cumprir os direitos e os deveres.

Após ler os princípios fundadores do projeto, verifiquei uma intenção evidente, a de potenciar as mais nobres e elevadas qualidades de cada ser humano e de valorizar a imagem que o sujeito de aprendizagem tinha de si mesmo. Quanto melhor essa imagem, maior a autoestima.

Mesmo sem compartilhar, totalmente, as ideias que constituem a teoria da Autopoiese, de Humberto Maturana, aceitávamos a ideia de que a nossa subjetivação resulta de um infinito produzir-se, produzir e ser produzido, que caracteriza a dinâmica humana, para além da identidade inicial do indivíduo. Viver em sociedade é um constante recriar-se a partir do nosso potencial interno, associado aos estímulos externos. Ainda que toda a construção de si, de aprendizagens, de conhecimento, sejam processos individuais, sabe-se do quanto o meio ambiente é significativo nisso. É no coletivo que nos produzimos enquanto indivíduos, num paradoxo aparente, mas reconhecido.

Decorrente desse reconhecimento, poderíamos questionar o termo "auto", se aplicada, por exemplo, à avaliação da aprendizagem. Ao se avaliar, o sujeito de aprendizagem estaria fazendo uma "auto"-avaliação, ou critérios utilizados se baseiam naquilo que percebe como reações do mundo, que é o seu "espelho", na vida em sociedade? De acordo com esta asserção, talvez não se devesse falar em autoprodução e autodidatismo. Autonomia era entendida na sua forma mais simples, a da capacidade de escolhas responsáveis

Perguntaria o saudoso João dos Santos

Ao que parece (e a História da Educação poderá confirmar) a Escola da Ponte foi a primeira a, efetivamente, centrar o processo de aprendizagem no aluno. Fomos os primeiros na transição de práticas do paradigma da instrução para práticas fundadas no paradigma da aprendizagem, a transformação do aluno em sujeito de aprendizagem. Depois, tomamos consciência de que não existe centro, mas relação e criação de vínculos, a humanização do ato de aprender. no contexto de uma comunidade. Então, retomamos o projeto cuidando do professor.

A intervenção do professor não era anulada, mas substituída por um sistema de mediações, que asseguravam a reciprocidade autonómica e eram utilizados dados da dinâmica de grupos, através dos quais o professor poderia esclarecer desejos comuns expressos pelo coletivo.

Posicionemo-nos eticamente face à pedagogia. Pode considerar-se uma pedagogia que busque apenas uma liberdade racional, uma pedagogia que vise apenas a liberdade pulsional, ou uma outra que promova a integração de ambas, na realização equilibrada do homem como indivíduo.

Acresce (claro!) a necessidade de se considerar a dimensão social. Se a não-directividade ingénua descura a influência da sociedade sobre o indivíduo, a pedagogia autoritária descura a possibilidade de autonomia no educando.

Estes extremos não realizam a tarefa fundamental de dotar os aprendentes com uma adaptação crítica às condições sociais, porque o conceito de liberdade está embotado de equívocos. E, à semelhança de qualquer nova pedagogia, a não-directividade foi assimilada na sua exterioridade e a escolástica destituiu-a de qualquer significado transformador.

O que é, concretamente, a liberdade de uma criança? Diz-nos Reboul que "a psicologia não pode responder-nos porque não existe uma ciência da liberdade, dado que esta está para além de todos os determinismos, a psicologia pode dar-nos preciosas indicações sobre as condições e os obstáculos de uma educação para a liberdade". As práticas alheias ao educar para a liberdade e pela liberdade são anacronismos anteriores a Carl Rogers que somente refere a necessidade da realização de equilíbrios psicológicos como a "prática simultânea da afirmação de si e da adaptação ao próximo".

A liberdade pode ser ensinada, não no recurso à didática, mas a uma gramática de ensino da liberdade. Esse ensino não passará tanto por uma didática específica, quanto por uma gramática que explique as transformações. Neste sentido, os modelos de não-directividade ingénua são tão falíveis quanto aqueles que pressupõem controlo externo, porque nem tudo se passa, exclusivamente, entre professor e aluno. É o Mestre Morin quem o diz: "o sujeito emerge ao mesmo tempo que o mundo, a partir da auto-organização, onde a autonomia, individualidade, complexidade, incerteza, ambiguidade se tornam quase caracteres existenciais".

Fazia sentido considerar a influência de Carl Rogers. A utilização da dinâmica de grupos não se destinava ao conhecimento do estatuto psicossociológico do aluno, para melhor o dirigir. Pelo contrário, Rogers apelava à "disponibilidade" do mestre, que propunha, mas não impunha. E aconselhava que o desenvolvimento de relações se processasse num clima que conduzisse a um conhecimento "autónomo, pessoal e autêntico".

Uma autoconsciência estava perante uma outra autoconsciência, um indivíduo estava perante outro indivíduo – cada qual encerrado em si próprio é um mundo em si; cada um é diferente do outro e exclui-o. Ao mesmo tempo, porém, cada indivíduo é tal em relação a todos os outros indivíduos e, neste sentido, é semelhante a todos os outros: não diferente, mas idêntico.

Decorria o ano de 1976, quando uma escola ousou desobedecer às ordens expressas da Inspeção escolar e escapar às armadilhas da sorte, logrando estabelecer práticas do paradigma da aprendizagem, o aluno assumiu autonomia, passou de objeto a sujeito de aprendizagem, ou como se dizia nessa altura, passou a ser "protagonista".

Não se apagou a figura do professor, apenas se modificou o seu papel. À semelhança dos seus alunos, o professor se assumiu como sujeito autônomo, na dignidade de trabalhador da educação, ao serviço de um projeto que uma comunidade adotara.

O Rui e a Ariana, quando ensaiaram uma "explicação" para os "segredos" da Ponte, concluíram que era segredo nenhum. E isto disseram:

> "Ali se envolvem as crianças na gestão das actividades e das tarefas escolares a realizar, condição que visa assegurar o funcionamento dessas actividades e constituir-se como uma oportunidade para promover o desenvolvimento das suas competências de autonomia. Ali se concebe e desenvolve um complexo dispositivo de meios de intervenção educativa, que tanto pode servir para apoiar o trabalho de pesquisa, de estudo ou de resolução de problemas
>
> A problemática da articulação entre a exigência académica e os propósitos da inclusão escolar, de acordo com esta perspectiva, adquire novos contornos, abalando-se, deste modo, a concepção que tem vindo a prevalecer neste âmbito: Aquela a partir da qual se define uma relação marcada por tensões entre o saber quotidiano das crianças e o saber escolar, sem que isso possa constituir razão suficiente para justificar a renúncia face a um ou face a outro. Uma renúncia que, a acontecer, implicaria que a Escola renunciasse a assumir-se também como um contexto educativo. Num caso, porque ignoraria o saber e as vivências das crianças, deixando-as demasiado sós, entregues a esse confronto e, no outro, porque ignoraria, por sua vez, o potencial formativo do património cultural, cuja finalidade consiste, fundamentalmente, em permitir

> que as crianças se afirmem como seres humanos capazes de ler e de intervir no mundo de forma mais competente, mais justa e mais partilhada.
>
> Deste modo, a acção educativa afirma-se em função de uma dinâmica que não é concebida em função de um dos pólos que permitem configurar essa acção (aluno, professor, conteúdos curriculares), mas da relação que se estabelece entre eles.
>
> Uma relação que se afirma em função de um objectivo formativo, onde a centralidade do aluno implica que o professor adquira um protagonismo pedagógico inédito e o acto de aprender conduza à reconceptualização do acto de ensinar."

Pouco tempo após a escrita desse texto, a Ponte viu aprovado o seu contrato de autonomia. Eu fora diretor por quase três décadas. Quando deixamos de ter diretor, entregamos a direção do projeto à comunidade e outro tipo de relação se instituiu.

Já não levavamos a escola para a comunidade, nem a trazíamos para a escola. A Ponte passara a ser um nodo de uma rede comunitária. A relação que se estbeleceu no contexto dessa rede estimulava uma comunicação horizontal, fraterna, autonoma.

Num dos "encontros de sábado", conversamos sobre condições sine qua non de sustentabilidade: o exercício de autonomia pedagógica a par da autonomia financeira, no pressuposto de que a autonomia do sujeito de aprendizagem seria da mesma natureza da autonomia do professor e da escola. Mas, como assegurar autonomia a projetos de mudança e inovação? Não presumia ter encontrado resposta, uma solução, mas já tinha ajudado a criar grupos de trabalho, dispositivos como os círculos de aprendizagem e a base teórica de uma autonomia comunitária, no quadro de uma nova construção social.

Ellen Key, vinte anos antes de Summerhill, afirmava que os pais e a escola afogavam a individualidade da criança e que seria necessário que o professor a libertasse dessas amarras.

Se considerarmos a experiência dos libertários de Hamburgo como um malogro, é em Neill que encontramos os limites da liberdade possível. Diria mesmo que, sem a sua radicalidade, se perderia uma importante referência.

Os movimentos que se seguiram à Educação Nova têm em Summerhill um primeiro ensaio de aplicação psicanalítica. Neill foi profundamente influenciado por Freud e Reich. Promoveu uma rutura profunda com os teóricos do seu tempo (incluindo os da Escola Nova), ainda que reatualizasse algumas propostas de Rosseau.

É por essa razão que situo Neill numa fase transitória, marcada pela recusa da especulação teórica (é contra essa especulação que Freinet também reage). Neill acreditava na eficácia da regulação pelo desejo. Criou um ambiente de aceitação. sem ameaças nem medos, para que a criança pudesse exprimir-se e aprender a gostar de si própria.

Mais do que renunciar à prescrição, o adulto-educador renunciava ao julgamento. Ao adulto competia, segundo Neill, criar condições em que o desejo pudesse cumprir-se:

> "Em Summerhill, acredito termos provado que a autonomia funciona. E uma escola não faz concessões. Não podemos ter liberdade a não ser que as crianças se sintam livres para governar a sua própria vida social.
>
> Quando há um patrão, não há liberdade real. Isso aplica-se ainda mais aos chefes benévolos do que aos disciplinadores. A criança de espírito pode rebelar-se contra o chefe áspero, mas o chefe que usa de brandura apenas faz a criança sentir-se frouxa, e insegura quanto aos seus sentimentos reais".

Realmente, a escola sem autonomia não deveria ser chamada escola progressista, no sentido que Snyders lhe conferia. Ao educador competiria representar um "princípio de realidade" não repressivo, cujas necessidades seriam reconhecidas e assumidas com as próprias crianças. Neill era considerado adepto de uma liberdade sem limites, mas ele próprio reconhecia não haver liberdade absoluta. Como alguém disse, "criança não faz o quer; criança quer o que faz".

Esse mestre reage contra a coercividade da educação inglesa, mas não vai ao ponto de rejeitar toda e qualquer disciplina, que considera como desinteresse do professor em relação à evolução do aluno.

O que importa sublinhar neste autor é a sua convicção de que a conceção tradicional de disciplina não pode conduzir a criança à autonomia:

"A autonomia é a conduta inspirada pelo eu, e não por uma força exterior."

Neill considerava que a criança não deveria ser forçada a fazer algo, antes de ter reconhecido que o deveria fazer. Restava saber se esse reconhecimento se operava por manifestação do desejo. E a resposta não era simples. Neill ainda a adensava, quando, ao esbater o dilema autoridade / não-autoridade referia que o que se fazia à criança não era importante, mas sim o modo como se fazia – mais uma vez nos antípodas de Snyders.

Eis-me insistindo na busca de significado de tudo aquilo que, em cinquenta anos, a Ponte idealizou e concebeu. Quando se abandonou o gueto da sala de aula e se enveredou pelo trabalho em equipe, os professores assumiram mais algumas "funções". A expressão "colaboração do tutor", que constava do "Perfil do Orientador Educativo", consistia em muito mais do que um montessoriano. "seguir a criança". De modo que, ao cabo de um ou dois anos, acreditávamos ter encontrado uma prática refletida, fundamentada numa teoria prudente, um modo de concretizar a nossa autonomia e a dos nossos alunos, então, transformados em sujeitos de aprendizagem.

A qualidade de um novo tipo de relação favorece, ou obstaculiza, a passagem de uma atitude centrada no ensino para atitudes de compromisso pessoal (quer do professor, quer do aluno) com a atividade. Este compromisso, a que subjaz a compreensão da dependência original, pode assumir a forma de projetos geradores de vínculos.

O que fizemos foi partir daquilo a que chamos "acordos de convivência" e da instalação de dispositivos de relação. Através de mediações que permitiam aos (já) sujeitos de aprendizagem apreenderem uma perceção correta das tarefas e suas finalidades, eles participavam na seleção e planificação de tarefas plasmadas em roteiros de estudo, desenvolviam projetos de currículo tridimensional.

Tinham aprendido a selecionar informação, a analisar a informação recolhida, a analisar e a comparar diferentes informações, a sintetizar e a avaliar a produção de currículo, a socializar o conhecimento, partilhando com a comunidade as "evidências de aprendizagem", que nós (a equipe que, entretanto, eu havia reunido) referenciávamos em portfólios, em registos de avaliação formativa, contínua e sistemática.

A ação decorrente de projetos pessoais ou de grupo, a gestão individualizada de tempos e espaços de aprendizagem, a escolha de momentos e instrumentos de avaliação, a regulação de comportamento numa base de reciprocidade, o desenvolvimento de formas de cooperação e comunicação eram sinais evidentes do exercício de autonomia.

Em meados dos anos setenta, num tempo em que ainda não havia computadores, eu ia batendo nas teclas de uma velha máquina de escrever, redigindo textos, que entregava à equipe de professores, para que os lessem e (fundamentadamente!) opinassem. Guardava cópias em papel químico, que, com a passagem do tempo, se apagaram. Mas, tudo o que nesses papéis escrevi estava presente na nossa prática e em nós. O ato intencional caracterizava a existência digna, sempre que um aluno se fazia participante ativo de um projeto coletivo, na remoção prática de atitudes individualistas e autoritárias.

Boaventura explicitou aquilo que apenas intuíamos, nos dios de setenta:

"A modernidade confirmou-nos numa ética individualista, uma microética que nos impede de pedir, ou sequer pensar responsabilidades por acontecimentos globais."

A crise da escola, tal como a crise da sociedade, refletia a flexibilidade das transformações económicas, sociais e políticas da vida em coletivo face a uma atmosfera de rigidez e de imobilidade, ao nível global da sociedade. E a autonomia equívoca concedida pelos ministérios da educação apenas confirmava o princípio que dizia ser a lealdade devida ao Estado o preço a negociar para preservação da segurança pessoal possível.

A autonomia da escola seria o primeiro passo para uma inversão de valores. E o instrumento que a concretizaria dava pelo nome de "contrato de autonomia".

A criança pode brincar com o poder. É pelo exercício desta brincadeira "séria", num constante jogo de reajustamentos, que o aluno exerce e aprende a exercer o máximo poder a que tem acesso.

Esse jogo sério implica não a totalidade do princípio do desejo, mas uma totalidade-síntese de desejo e realidade. A responsabilidade do aluno poderia traduzir-se nesta mistura dinâmica e em permanente reequilíbrio. E a assunção de autonomia, que daí decorre corresponde um aumento da fluidez dos papéis e rituais presentes na relação educativa.

O poder de controlar exerce-se em formas subtis. Para o interpelar, não basta ter consciência da sua origem. A ordem estabelecida com vista à realização da autonomia é de natureza anárquica, no que não pode ser confundida com um estado caótico de relação.

O indivíduo em processo de autonomização libertária passa de um nível restrito à pessoa, ou a um grupo, ao envolvimento numa gestão institucional participada, numa ordem simbiótica, concretizada a nível microssocial; não uma ordem ideal, mas uma base efetiva de partilha de perspetivas.

A relação vertical professor-aluno não permite uma integração dos conhecimentos em termos de saber gerante. Tudo o que é meramente transmitido e, pretensamente, ensinado tem pouca influência no comportamento da pessoa. Os conhecimentos que podem influenciar os conhecimentos do indivíduo são os que ele próprio descobre e de que se apropria, no enfrentamento de dificuldades várias. A propósito, cito Attico Chassot, para que saibais como esses educadores reagiram:

"É nos momentos de crise, não na normalidade, que se multiplicam os bons e os maus exemplos. Cada um de nós reage de uma forma às catástrofes. A sociologia dos desastres é farta em estudos sobre o assunto.

Há os que crescem em altruísmo, magnânimos, solidários, prontos a ajudar. Há, também, os que se tornam apáticos na crise, ficam paralisados diante dos estragos. Sentem-se impotentes. Preferem recolher-se e esperar, não atrapalham, mas não ajudam. Por fim, há aqueles que querem tirar vantagem da situação, sempre há. São tipos variados. Na hora mais difícil, todos esses vão aparecer e podem, ou não, fazer a diferença.

Para a nossa sorte, há muitos que "fazem o bem sem olhar a quem", ajudam a costurar as pontas do tecido social e amarram firme essa coisa que chamamos de sociedade. São essas pessoas que merecem a nossa consideração, não as outras que perderam a chance de mostrar grandeza."

Pessoas que mereciam a minha consideração praticavam trabalho autónomo, uma forma de pedagogia individualizada, através da qual o aluno participa na determinação de objetivos, na gestão de tempos e espaços em que os seus projetos decorrem, bem como na avaliação.

O trabalho autónomo tende a anular a dicotomia clássica entre diretividade e não-directividade, pelo reconhecimento da possibilidade de estatutos e papéis dos intervenientes no ato educativo. Coloca-se, aqui, o tipo de intervenção do professor, que poderá ser "diretiva" (por exemplo, para introduzir no plano de um aluno uma atividade que julgue oportuna), como "não-diretiva" (por exemplo, para integrar no planejamento geral uma proposta individual ou de grupo).

O exercício de autonomia não se confunde com a permissividade, nem dispensa a colaboração do professor, na situação de tutor.

Na Escola da Ponte dos anos oitenta, a partir da prática e da reflexão sobre a prática, foi elaborado um "Perfil do Orientador Educativo". Eis alguns excertos desse documento:

1- RELATIVAMENTE À ESCOLA E AO PROJECTO

Contribui, ativa e construtivamente, para a resolução de conflitos;

Contribui ativa e construtivamente para a tomada de decisões;

Toma iniciativas adequadas às situações;

Alia, no desempenho das suas tarefas, a criatividade à complexidade, originalidade e coerência;

Apresenta propostas, busca consensos, critica construtivamente;

Produz ou propõe inovações;

Procura harmonizar os interesses da Escola e do Projeto com os seus interesses individuais;

Age de uma forma autónoma, responsável e solidária;

Procura fundar no Projeto os juízos e opiniões que emite;

Domina os princípios e utiliza corretamente a metodologia de Trabalho de Projeto;

Assume as suas falhas, evitando imputar aos outros ou ao coletivo as suas próprias incapacidades;

Procura dar o exemplo de uma correta e ponderada utilização dos recursos disponíveis;

2- RELATIVAMENTE AOS COLEGAS

Está atento às necessidades dos colegas e presta-lhes ajuda;

Pede ajuda aos colegas, quando tem dúvidas sobre como agir;
Mantém com os colegas uma relação atenciosa, crítica e fraterna;
Reconhece e aceita criticamente diferentes pontos de vista, procurando ter sempre o Projeto como referência inspiradora;
Apoia ativamente os colegas na resolução de conflitos;

3- RELATIVAMENTE AOS ALUNOS
Mantém com os alunos uma relação carinhosa;
Procura ajudar os alunos a conhecer e a cumprir regras;
Procura ser firme com os alunos, sem cair no autoritarismo;
Procura tomar atitudes em sintonia com o coletivo;
Procura acompanhar de muito perto e orientar o percurso educativo dos seus tutorados.

A prática de autonomia passa, igualmente, pela prática da colaboração entre pares. Também aqui o professor-tutor é responsável por uma correta organização, dado que a ajuda entre alunos introduzida como técnica, de forma mecânica, não conduz à entreajuda, ao reconhecimento do outro, ao exercício de solidariedade ativa, não produz autoconhecimento, não propicia aprendizagem de autonomia.

Não se alienavam as estruturas profundas de desenvolvimento individual no quadro do coletivo, antes se agudizavam os conflitos para, através deles, se testar meras aparências de autonomia. Possibilitava-se a afirmação de autonomias individuais, no aprofundamento das relações entre o indivíduo e as estruturas sociais de subordinação, pois a gestão das dependências admitidas como inevitáveis não se referia a uma liberdade abstrata, a uma noção especulativa de mudança social.

Concebida desse modo, a autonomia relativizava a originalidade da autonomia de cada destino particular, sem que privasse cada um dos seus elementos de uma autonomia-com-os-outros, de uma autonomia que poderia ser conceptualizada enquanto ação de um sujeito envolvido num projeto humano coletivo, numa "autonomia relacional".

Se o modelo de escola (dito) tradicional estabelece um mundo de experiências totalmente subordinado a um controlo gerador de múltiplas dependências, que dizer de modelos (ditos) alternativos ao modelo tradicional?

Gagné, por exemplo, considera o aluno como inapto para agir por si próprio: "Manter o aluno interessado no que está fazendo e nas habilidades que vai adquirindo é tarefa que requer grande perícia e capacidade de persuasão de uma pessoa, geralmente do professor, que representa o mundo da experiência e da sabedoria do adulto".

Para este teórico, não restava qualquer dúvida de que ao aluno competia adquirir habilidades e ao professor a ciclópica tarefa de o manter interessado, a capacidade de persuadir, de o motivar... de o seduzir. Gagné admitia ser mais fácil ao professor levar a cabo a sua dura missão, se comunicasse com um único estudante de cada vez. E fazia apelo à "instrução programada", como se tudo fosse programável em função do binómio estímulo-resposta. Vai ao ponto de afirmar que "o resultado é também, no sentido verdadeiro, exterior à pessoa que aprende" E ainda esclarece que ensinar implica agir sobre o aluno "com o propósito de: dirigir-lhe a atenção e as ações e guiar o seu pensamento para determinadas áreas".

No âmbito das teorias associacionistas, Skinner criara uma versão muito particular de "individualização", que Gagné reproduzia. Era uma individualização que fazia apelo a uma atividade mecânica e proscrevia a autonomia.

É Skinner que afirma ser necessário manipular as condutas dos outros para o bem geral. Vai mais longe na defesa da utilização do «reforço positivo», ao dizer que os indivíduos controlados se sentem livres.

Considero que Gagné estava certo ao afirmar que um sistema educacional se destinava a "provocar modificações nas capacidades e atitudes". Resta saber a que "modificações" se referia. Não o disse.

Gagné afirmava que a questão mais importante no processo de ensinagem era a extensão do que poderia ser previamente determinado para o indivíduo que aprendia. Estava seguro de que não se poderia esperar que a pessoa que aprendesse, enquanto estava voltada para o próprio processo de aprendizagem, fosse capaz de julgar a eficácia das diretrizes de ensino traçadas pelo professor. Enfim! Não conseguindo sair dos limites epistemológicos do paradigma da instrução, Gagné afirmava duvidar de que uma sala de aula fosse o lugar em que se pudesse realizar a tarefa de determinar condições de aprendizagem para cada estudante em particular. Dizia ser "impossível"... em "sala de aula.

À revelia de Gagné, a Ponte centrava o processo de aprendizagem o aluno, libertava o professor para exercer um controlo individual e permanente, o que seria inviável em ensino diretivo, no qual o professor interagia com todos os alunos, a todo o instante. Essa posição de livre observador era "perversa". Conferia ao professor o privilégio de uma intervenção permanente e imediata, enquanto gerava no aluno uma autonomia censurada. A autonomia em pedagogia negativa poderia ser uma perversão da autonomia.

Quando procedia à crítica de Rosseau, Schérer referia que o fulcro do processo continuava a ser, mais do que nunca, o educador, seguro de si, tanto mais omnipresente quanto não poderia colocar-se à margem, estendendo a todos os atos da vida do seu aluno o seu direito de controlo e de olhar.

Ao nível das regras, a intervenção do educador era permanente. Em nome da sua própria proteção, a criança via-se submetida a um controlo generalizado. Porém, como também dizia Schérer, na infância, não era só o outro, mas o próprio, quem está implicado. E o olhar inquisidor lançado sobre a criança era também, e em primeiro lugar, o impossível olhar lançado sobre si.

O professor, ainda que se reclamasse de uma posição demissionária, estava sempre presente, a administrar o poder e a regular os afetos. O adulto não queria a "criança outra", procurava-se nela; não queria tê-la como interlocutora, julgava-a apenas moldável; esperava dela, sobretudo, a sua autoafirmação.

Se fosse caso de se fazer, de novo, ele recomeçar-se-ia, certamente, na infância. Mas, não sendo possível, escolhia perpetuar-se nela. Ocorria um "desvio da infância" que forçava o desejo infantil a dirigir-se para simulacros que lhe eram propostos.

A teoria psicanalítica aplicada ao campo educativo não poderia ser criadora de um novo saber. Ela era alterada pela prática, enquanto alterava a própria prática, pois suscitava o aparecimento de questões inéditas, propiciava um verdadeiro poder de interpretação.

Numa busca de interpretações (ou reinterpretações), Mendel considerava a escola como uma "função paternal especializada" e exprimia o desejo de ver realizados consensos que questionassem a desigualdade de estatutos responsável pela manutenção do fenómeno autoridade. Para Mendel, essa autoridade revelava-se perniciosa, porque escapava, em grande parte, à consciência crítica.

A coação institucional nunca surgia tão poderosa como num êxito quase perfeito, que consistia em fazer aparecer como legítimo o uso da força sobre a criança, que conseguisse transformar essa violência em legitimidade.

A autoridade não seria, então, mais do que o resultado dessa transformação, tornado conceito abstrato.

Começamos, pois, por centrar o processo de aprendizagem no aluno. Fomos os primeiros. Até que, decorridos mais de trinta anos, descobrimos que não havia… centro., Tomamos consciência de que o aluno não seria o centro, mas sujeito de aprendizagem. Não havia centro, mas relação e criação de vínculo, humanização do ato de aprender. no contexto de uma comunidade. Então, retomamos o projeto cuidando do professor.

Quase ninguém se perguntava por que razão, regra geral, a criança era incluída num grupo rígido de crianças-alunos a quem o professor ensinava como um todo, no mesmo tempo, fazendo-se ouvir no mesmo código, exigindo o atingir dos mesmos objetivos... por todos. Era tão comum este procedimento que dificilmente se avaliava os seus efeitos no tratamento de um ser singular como objeto de ensino estandardizado. Seria forçoso concluir que as diferenças individuais reconhecidas pela psicologia exigiriam um planejamento adequado, individualizado, adaptado a cada ser humano em processo de formação. E esse planejamento só assumiria identidade, quando o sujeito da formação nela participasse. A ordem interna nasceria e se alimentaria de ocupações livremente aceites, com propósitos bem definidos e executados em função do interesse e necessidades sentidas. Obrigar cada um a ser o outro-igual-a-todos correspondia a negar-lhe a possibilidade de existir como pessoa livre e consciente.

Para Olivier Reboul, ensinar não consistia em inculcar, nem transmitir – seria fazer aprender. E o professor não deveria ser aquele que impunha respostas-padrão, mas aquele que colocava questões. Nesse contexto, ele seria insubstituível, pois, "aprender realmente, é sempre desaprender, para vencer o que nos paralisa, nos encerra, nos aliena", como Reboul afirmava.

Existe em cada pessoa uma vontade de autocontrolo das ações e de ficar liberta do controle coercivo do seu comportamento. Se a liberdade se concretiza no desenvolvimento identitário, é obvio que um clima autoritário não promove tal desenvolvimento. Ausubel afirmava que "em comparação com grupos de crianças de grupos dirigidos democraticamente, os alunos que são submetidos a controles autocráticos são mais agressivos, adotam, ao relacionar-se com o líder, atitudes mais submissas, são menos capazes em trabalhos e comportamentos autodisciplinadores, quando é retirada a supervisão direta".

Mas, rejeitar práticas autoritárias não seria suficiente. Já nos idos de vinte, seria preciso afirmar que a liberdade se aprende com os outros, era evidente a necessidade de refundar o "sistema".

Era com os pais e os professores que a criança encontrava os limites do controlo, que lhe permitisse progredir em autonomia. Essa autonomia era liberdade de experiência e de expressão, dentro de um sistema de relações e de trocas sociais, que compreendia ações de ajuda do professor. Sem socialização não seria possível praticar uma didática de autogoverno, de trabalho autónomo.

Em que consistia tal "didática"?

O Mestre Bartolomeis assim o expressava:

> "As crianças beneficiam de influências ambientais e pessoais intencionalmente organizadas. Há que compreender quais os novos moldes em que as relações dos alunos entre si e com os professores se devem organizar, para que possam dar vida a uma comunidade onde o duplo processo de individualização e de socialização encontre o seu ambiente mais favorável.
>
> Se o autogoverno dos alunos houvesse de excluir a orientação do professor, teríamos de renunciar a vê-lo realizado na escola".

A educação continuava ainda a ser justificada mais como meio de controlo social do que como instrumento de aperfeiçoamento pessoal.

E um dos maiores óbices à mudança residia no permanente julgamento do aprendiz e no dever de obediência hierárquica do professor, o que invalidava qualquer esforço no sentido da autorresponsabilização. Seria possível o professor se assumir na dignidade do exercício de autonomia?

Autonomia e cultura pessoal e profissional dos professores

Um ator se suicidou, deixando escrito um apelo: *Cuidem das crianças!* Então, por que não reagiam os professores? Por que não protegiam os seus alunos? O que poderiam fazer os professores, com aquilo que fizeram deles?

Palavras da poeta e pedagoga Cecília Meireles:

> "Que lhes valeu todo o curso que fizeram durante longos anos?
>
> Em vão leram livros copiosos, beberam a caudalosa erudição dos catedráticos imponentes, como oradores parlamentares, fizeram provas escritas de inúmeras laudas, com letra miúda. Palavras, palavras, palavras que o vento levou...
>
> As aulas de psicologia ficaram geladas nos livros; as de pedagogia fecharam-se nas caixas de jogos; as outras não levaram em si nenhum gérmen dessas duas, que são, no entanto as indispensáveis a quem vai ser professor.
>
> Pobres alunas que não tiveram quem as orientasse a tempo! Depois de tanto trabalho, terão de fazer por si mesmas, e com enorme esforço, aguilhoadas pela pressa de quem já está no quadro do magistério, toda a cultura técnica que ninguém pensou ou lhes pode fornecer no momento devido"

A avaliar pelo desempenho dos professores recém integrados na carreira, a formação inicial continuava a manifestar incapacidade para obstar ao choque das realidades. À formação inicial desprovida dessa qualidade juntava-se a não-inicial que qualitativamente nada acrescentava à primeira.

O professor recém-formado é atirado, sem recursos, para o isolamento de uma sala que tinha dentro um grupo de crianças. Desenvencilha-se. Os primeiros dias eram decisivos, definitivamente decisivos para a instalação de rotinas que resolvessem a crise inicial.

O professor "probatório" evocava modelos da sua experiência como aluno: passava a exercer um apertado controlo e uma estruturação de trabalho que anulava qualquer exercício de autonomia nos alunos, anulando a sua própria autonomia. Recorria ao manual, que anulava o professor. Utilizava o teste, que anulava qualquer resquício de uma avaliação "alinhada" com a aprendizagem, ou a diversificação de processos. Procura os créditos de formação, para progressão na carreira, que anulam a procura da formação necessária.

A passagem do tempo e (mau) o exemplo dos colegas asseguravam a sedimentação do isolamento, do improviso e do primado da racionalidade instrumental.

A situação descrita (que só quem não a partilhasse poderá questionar) contrastava com os propósitos expressos em teses e documentos de política educacional. Em meados de setenta, quando a Ponte dava os primeiros passos de uma formação emancipadora, o Decreto-Lei 290/75 tecia considerações jamais concretizadas:

> "Na revisão do regime de formação, haverá que engendrar decididamente pela elevação do nível de preparação daqueles que escolheram o magistério como carreira profissional".

De um modo geral, a formação organizada segundo esse tipo de racionalidade era geradora de formas de organização escolar decalcadas de antanho, nas quais os professores exerciam um controlo escasso sobre o seu trabalho. Programas e projetos de formação colocavam a ênfase em "técnicas pedagógicas que, em geral, evitam as questões sobre as finalidades e o discurso de crítica e de possibilidade" – palavras de Aronowitz e de Giroux.

A racionalidade tecnocrática, que tendia a separar a teoria da prática, promovia pedagogias que suprimiam a autonomia dos professores (e, concomitantemente, a dos alunos).

Houve um tempo em que proliferavam "inovações" na Internet. Psicólogos protagonizavam "lives" de autoajuda. Médicos davam formação sobre "neuroeducação em sala de aula". Economistas introduziam o "e-learning em sala de aula". Filósofos discorriam sobre "computação ubíqua em sala de aula". Universitários, que jamais haviam produzido algo inovador, eram pagos para proferir palestras sobre... "inovação". E colaboravam com empresas oportunistas no "negócio da China" dos grandes congressos e cursos online.

Uma crise ética se instalara. E um sindicato atento à voracidade de "grupos abutres de educação à distância" (sic) lançava avisos:

> "Em tempos de crise, podem aparecer alguns, tentando se aproveitar do desespero das escolas, para vender. Este é um alerta, que nós temos a obrigação de fazer, pois essas pessoas usam informações e pesquisas, para tentar convencer os mantenedores a comprar seus serviços."

A Educação continuava ainda a ser justificada mais como meio de controlo social do que como instrumento de aperfeiçoamento pessoal. Com efeito, a teoria e a prática educacional tinham transferido a base filosófica da Educação do político para o técnico, onde a primazia era entregue à eficácia e ao controlo.

A organização do trabalho escolar continuava centrada em tarefas que tinham uma base de informação igual para todos, o mesmo tipo de meios e técnicas para todos, provas individuais de adaptação ao padrão exigido para o "aluno médio" (padrão de capacidade ao qual se compara cada aluno individualmente).

Um dos maiores óbices à mudança residia no permanente julgamento e classificação do aprendiz, que invalidava qualquer esforço no sentido da autorresponsabilização.

O conceito de "classes" (ou da eufemística designação de "ano de escolaridade") estava associado a uma suposta homogeneidade organizada em sucessivas etapas. Infelizmente, a psicologia, que se alheara de dimensões que estiveram na sua génese como ciência, sancionava "cientificamente" situações em que o aprendiz que, num tempo pré-estabelecido pelo ensinante, não absorvera a parte do programa correspondente, repetisse, desde o início, um mesmo ciclo de estudos.

A insistência na constituição de classes "homogéneas" tomava por referência o argumento de que seria possível agrupar indivíduos com um nível intelectual comum. Mas, o processo de autoconstrução do conhecimento era inconciliável com a ideia de classe "homogénea".

Muito menos se poderia admitir a manutenção paralela às classes "normais", de grupos ditos "especiais". A inadaptação não era exclusiva do aluno. Ela era, sobretudo, uma inadaptação da Escola. Não havia apenas "dificuldades de aprendizagem"; havia, sobretudo, inconfessáveis "dificuldades de ensinagem".

Como estava escrito no início do texto do projeto da Ponte, em 1976: *"Nós, professores, deveremos ter mais dúvidas do que certezas"*.

Entre os ensinantes ainda existia uma forte tendência para considerar os aprendentes como entidades fechadas sobre as quais se pode agir exteriormente e não como "sistemas auto-organizados que promovem o seu "fecho", num "fenómeno de auto-eco-organização extraordinariamente complexo que produz autonomia".

Era, mais uma vez, o Mestre Morin, a questionar a eficácia e eficiência dos adeptos da "programação" refletida na produção dos "bons alunos" desprovidos de iniciativa. Impedia-se o jogo dos opostos, em que se temperavam dependências e autonomias não-programáveis. Afinal, o que conferia dignidade ao ato educativo?

Na Ponte se questionou ideologias que legitimavam a separação entre processos de conceptualização e de execução. E uma das primeiras tarefas da formação, que se fazia há vinte anos, foi a de elaborar contratos e termos de autonomia.

No site de um sindicato, li mensagens com acusações de "fraude" num concurso para recrutamento de professores. As mensagens eram acompanhadas de expressões que, por serem tão sórdidas, me inibo de transcrever. Considero que o sindicato cumpriu o seu dever de dar voz a todos, porque, felizmente, o tempo da censura já longe ia. Mas, em democracia, não valia tudo!

Conhecia melhor do que ninguém a escola a quem eram imputadas as supostas "ilegalidades". Sabia que o concurso decorrera dentro da legalidade. Não poderia ficar indiferente a calúnias lançadas por quem, provavelmente, se via ao espelho e fazia juízos de valor sobre os outros, a partir da sua escala de valores.

Das duas, uma: ou se instaurava um inquérito à escola, ou a quem a caluniava. A escola optou por não proceder judicialmente contra os "anónimos" autores das mensagens. Mas, deveria ser tempo de não ficarem impunes criaturas de determinada estirpe.

Remeter-me-ei à questão essencial: as escolas deveriam, ou não, escolher os seus professores?

Ao cabo de trinta aos, a Escola da Ponte conquistara o direito de os escolher, em concurso universal e segundo critérios claros. Recordo-me de, por essa altura, ter sido interpelado por um dirigente sindical, durante uma palestra:

"Zé Pacheco, tu não achas que a Ponte criou um grave precedente?"

Eu entendi a intenção, mas fiz-me desentendido:

"Qual precedente?"

Estimulado por numerosa claque, o sindicalista insistiu:

"Isso de escolher os professores vai dar azo a compadrios e amiguismos! A favoritismo! A desonestidade!"

Visivelmente tomado por intensa sindical emoção, o porta-voz da claque gritou as últimas frases, e foi ovacionado. Esperei que a turba se acalmasse. E perguntei:

"Disseste desonestidade? Consideras que há professores desonestos?"

O líder da claque titubeou:

"Não era isso que eu queria dizer...."

"Mas disseste".

E mais o Mário não disse. A claque emudeceu e se retirou, rezando imprecações, em surdina.

Em nome do "direito ao emprego", os professores da Ponte foram obrigados a aturar auleiros acomodados que, à sombra de um "contrato administrativo", prejudicaram o desenvolvimento do projeto.

"Ó colega, faz-se concurso, para se ficar mais perto de casa, não é?"

Eu emitia um lacónico comentário e ficava atento às práticas, verificando que, dentro da racionalidade dos concursos, se negava aos professores a escolha de um projeto, no qual se sentissem realizados como pessoas e como profissionais.

Muitos dos concurseiros apenas buscavam um emprego, ficar mais perto de casa (o que era legítimo) ser funcionário público.

Instalados em contratos definitivos, se deixavam "funcionarizar". E não foram raras as vezes em o carácter vitalício das colocações agiu como óbice à mudança. Vi professores "vitalícios" destruindo trabalho construído ao longo de muitos anos.

A centralização dos concursos nas estruturas ministeriais pressupunha desconfiança em relação à capacidade de escolha de escolas e professores. A "funcionarização" dos docentes "com nomeação definitiva" era causa de desqualificação profissional, origem da extinção de projetos, contributo para a manutenção de um sistema iníquo.

A experiência da "contratação sem intermediários" demonstrou vantagens. A autonomia que a Ponte assumiu, em 2004, dispensou a intervenção da burocracia ministerial. Somente aderia ao "Fazer a Ponte" quem se comprometesse cumpri-lo. Ali, não havia livro de ponto, nem horários de "funcionário instrucionista".

O meu Mestre Pedro Demo zurzia no malfadado instrucionismo:

"Socialmente, aprendizagem implica tecer coletivamente processos de autorias rivais e complementares, através das quais pessoas e sociedades podem tomar, até onde possível, o destino em suas mãos.

Damos a este fenômeno o nome de "emancipação", em geral reconhecido como bem-posto em Paulo Freire, em particular, na "pedagogia da autonomia".

Volto-me para o cuidado que o Pacheco tem com a autonomia da escola, uma propriedade em geral inviável entre nós, porque a burocracia controla tudo.

Cabe lembrar que, uma vez consolidada a exigência de que todos os docentes precisavam de mestrado na Finlândia, uma das consequências foi eliminar a supervisão escolar. Aceitou-se a ideia de que, estando os professores bem apetrechados, em escolas condizentes, o que cabe ao Estado é definir o resultado esperado, por exemplo que quase todos aprendam bem".

O Mestre Pedro referia-se à Finlândia, a "Meca" dos secretários e ministros das primeiras décadas deste século, destino de turismo educacional. Nesse país, as escolas dispunham de autonomia. Mas, certamente, os turistas brasileiros e portugueses nada entenderam (ou não quiseram entender). As escolas permaneciam cativas do dever de obediência hierárquica.

> "No espaço da política educacional, as universidades (em especial as federais) são "autônomas", em geral ciosamente. Escolas não, mesmo sendo entidades estaduais ou municipais (há algumas federais também, como escolas de aplicação). Muitas escolas possuem diretores indicados e ainda é traço forte que, chegando novo Governador ou Prefeito, apaga-se o que havia antes, começando do zero, outra vez. Isto reflete um atraso republicano e democrático pesadíssimo, no sentido de que ainda não nos livramos do patrimonialismo político.
>
> Na prática, não temos um projeto de país, mas a ocupação partidária (não por ideologia marcada, mas na mera luta por poder), de tal sorte, que continuidade governamental é praticamente inviável. Uma escola "neutra" não existe, nem deveria existir, porque cidadania implica ter posição, não ter necessariamente esta ou aquela, mas a posição que o estudante, sob orientação, não doutrinação docente, consegue desenvolver e sustentar. "Escola sem partido" não é aquela que não tem partido, mas aquela que se atrela ao "pensamento único", à ideologia do mercado liberal, considerada acima de qualquer suspeita, a própria "ordem das coisas".

Autonomia da escola significa, então, que os professores precisam ter liberdade de expressão, não para impor suas ideologias, mas para questionar a todas, deixando ao estudante a condição mais esclarecida possível de decidir."

Em suma: ao invés de uma escola monocolor, uma escola arco-íris.

Assim falava o Mestre Pedro Demo, nos artigos que me enviou, para me ajudar a contornar obstáculos à criação de comunidades de aprendizagem:

> "A autonomia que Pacheco quer é a de poder mudar a proposta pedagógica, saindo do instrucionismo e voltando-se ostensivamente para o direito de aprender do estudante. Por isso alega ele que a escola atual está fora da lei.
>
> Está, sim! E flagrantemente. Na escola onde se aprende matemática em apenas 7.3% (média nacional em matemática em 2015 no ensino médio), temos desobediência escabrosa à Constituição e à LDB.
>
> O burocrata vai exigir as "aulas", porque está no papel; não se dá ao trabalho de verificar que não prestam para nada. Bastaria observar os dados que o próprio MEC produz. Como é "pau mandado", usa o mesmo pau para mandar. Mantém o instrucionismo vigente e facilmente exacerba o fracasso escolar."

A luta é para que seja viável a autonomia da inovação comprometida com a aprendizagem do estudante. Primeiro, porque a LDB assegura; segundo, porque não existe aprendizagem sem autonomia, já que sua dinâmica central é "autoria"; terceiro, porque é função constitucional: frequenta-se escola para aprender, não para perder tempo e recursos.

No entanto, na prática os sistemas temem mudança, porque percebem de imediato que a inovação proposta derruba o sistema atual. Mostra, ao fundo, a inutilidade das atuais burocracias. Existem para atrapalhar.

Os burocratas deveriam agir de outra forma: cobrar resultados. Nunca fazem isso, porque só cobram as formalidades. E o Ideb é um saco imenso de maus resultados e não redunda em nenhuma mudança significativa.

Pacheco não quer autonomia a qualquer custo, como doação. Primeiro, é direito. Segundo, propõe-se mudar para que a escola seja "constitucional" (republicana e democrática), ficar dentro da lei.

Sua proposta tem a confiabilidade de anos de experiência e de êxito visível, também internacional. Não é aventureiro. Aventureiras são as secretarias que são franco-atiradores, burocráticas encardidas, ocupam cargos conforme a onda dos chefes e dão ordens sem nexo.

A "comunidade de aprendizagem" é um fenômeno construído meticulosamente, contando com todas as energias disponíveis, movendo a todos na escola e nos arredores, transparente, com apelo constante de avaliação externa irrestrita – ou seja, algo sumamente ajuizado e comprovado. Mesmo assim, como agride ao sistema de ensino, para o sistema é preferível matar a mudança em seu nascedouro. Seria insuportável uma escola autônoma!

Fizemos um PNE (Plano Nacional de Educação para 10 anos). De tão malfeito, enjambrado mal e porcamente no país, fantasiado como movimento debaixo para cima (popular), já não vale mais. Ficou sarcástico a cada ano justificar por que não deu certo. É que foi feito para não dar certo! Como o próprio sistema de ensino atual.

Todos queremos 10% do PIB em educação, mas não neste sistema inútil. Não sabemos ainda valorizar o professor, que se mantém como uma marionete instrucionista na escola.

Aprender mal deve ser absoluta exceção, resíduo. Os professores comandam a escola sob este compromisso: garantir a aprendizagem dos estudantes. Professores seremos, se tivermos a mínima capacidade de argumentar e contra-argumentar. Não existe interesse em professores "eunucos", que não o serão por liberdade de expressão, mas por manipulação desabrida.

Diriam muitos que não somos – ainda – uma república ou uma democracia. Por que não se pode discutir isso na escola? É fundamental discutir isso, mas em termos pedagogicamente corretos: discutir sem doutrinar."

Me redescubro num regresso cíclico à Freinet, a Nilde, a Lauro, a Agostinho, a Nise, a Freire – uma herança crítica de professor primário a quem as Ciências da Educação tarde tocaram num percurso profissional quase feito. Também (talvez) por isso, a linguagem e o conteúdo do discurso me pareçam gastos, já-ditas, ultrapassadas pela urgência da intervenção.

Em trabalhos não publicados – busco legitimá-los com o teste de práticas refletidas – verifico a prevalência de uma matriz que radica na tradição e manifestos da Escola Nova. Não farei transcrições desses trabalhos, apenas os refiro por serem caracterizados pelos mesmos traços que, agora, julgo reencontrar no trabalho com círculos de aprendizagem: a iniciativa, o senso crítico, a solidariedade, a autonomia.

Quando escutava comentários sobre a minha inabalável iniciativa de transgressão, ou elogios da prática, respondia que não fizera mais do que a minha obrigação de educador. O conceito de iniciativa poderia identificar-se com o de implicação deliberada dos professores em processo de mudança. Poderia ser definida como Ana Benavente a definiu: "comportamentos individuais ou de grupo, que consistem em ocupar os espaços de liberdade e de autonomia no interior de uma instituição ou de uma sociedade, em investi-los no sentido de um projeto consciente. É de assinalar a falta de iniciativa das professoras, que esperam que a resolução dos problemas "venha de cima".

Distingamos essa implicação deliberada da implicação de facto. Nesta, os professores não intervêm na realidade, porque como Barbier refere, "estão cativos dela, involuntariamente "metidos dentro" dela, não havendo desocultação".

A reação a inovações, que tantas vezes comentei poderá ser reflexo de subjetividades decorrentes da não-participação ativa dos professores em processos de decisão. A insegurança engendra resistências, quando são postos em causa determinados princípios e práticas de ensino. Poderá acontecer que, contrariando os desígnios expressos nas obras de eminentes pedagogos, os professores se mantenham relutantes em modificar a sua conduta. Este efeito perverso das reformas verticais acompanha a convicção de que nos sistemas escolares está implícito que a escola tem poucos meios para iniciar, desenvolver, e ser lugar de formação.

Poderemos considerar a emancipação como o interesse por um conhecimento substantivo propiciador de uma práxis libertadora, o que pressupõe a necessidade urgente substituição de um modelo educacional prescritivo por um outro de cariz apropriativo. Se a educação tem por finalidade permitir aos indivíduos a realização dos seus destinos, na realidade ela tem contribuído para manter os professores numa relação dual de forte dependência, através de processos de "clonagem" adaptativa nada consentâneos com uma racionalidade emancipatória.

A formação dos profissionais do desenvolvimento humano desenvolve-se, no dizer de Eugène Henriquez "no quadro de uma sociedade tecnocrática, na qual, ao mesmo tempo que o conformismo é prescrito, a iniciativa, a criatividade, o espírito inovador são reclamados com insistência". A formação acaba sendo uma deformação carente de desconstrução de certezas e da criação de condições de realização pessoal e social. E os professores são privados da apropriação crítica dos saberes e da interpelação de constrangedoras estruturas.

Urge criar contextos onde não exista um saber constituído, onde se geste um saber constituinte, sobre o qual novos conhecimentos podem emergir.

A autonomia é um conceito com vasto espectro semântico, tradicionalmente abordado como mero objeto conceptual, abstrato, distante. Na escola é definida como a capacidade de influenciar, que se exerce em múltiplas situações, no contexto dos processos de ensino-aprendizagem.

Não é possível afirmar que a atividade autónoma exercida nesse contexto se manifeste, de igual modo, em outros contextos sociais, mas alguns dados empíricos sugerem a manutenção de procedimentos autónomos em contextos e situações não-escolares. Mas, nas escolas da década de setenta careciam de... autonomia.

Por exemplo, a organização dos horários eram da competência de cada escola, não carecia de autorização. Mas uma delegada escolar assim falou:

"Os professores não precisariam de autorização, mas pedem-na, mas os professores não utilizam esse direito".

As delegações escolares sabiam não ser necessário esse pedido de autorização, mas reforçavam essa necessidade, autorizavam o que não carecia de autorização.

Isto li num opúsculo do G.E.P. / ME:

> "Este comportamento fortalece a burocracia, mas acaba por dar segurança ao professor, mesmo que essa segurança signifique dependência e incapacidade de tomar decisões. Tal atitude é bastante generalizada e revela o posicionamento do professor primário face ao poder e à autoridade".

Na obra "Conceções e Práticas de Formação Contínua de Professores: Realidades e Perspetivas", António Nóvoa assinalava que esse traço cultural se constituía em óbice à "afirmação social dos professores, dando aso a uma atitude defensiva mais própria de funcionários do que de profissionais autónomos".

A Claudia e a Edilene, coautoras de projetos como o Âncora e a Escola Aberta, seres humanos devotados à causa das crianças e exemplos de profissionais autónomos. Aquilo que mais as carateriza é a competência profissional, a bondade e o desapego. Sabem que Escola é construção social e que currículo é construção histórica e reflete ideologia.

Até há pouco tempo e excetuando algumas esparsas experiências, a educação escolar era entendida apenas como treinamento no domínio cognitivo, sendo ostracizadas as dimensões do afeto, da emoção e até mesmo da espiritualidade. Ignorava-se que currículo não é apenas conteúdo, mas também múltiplas experiências proporcionadas ao aluno.

Adotemos o princípio kantiano, que nos diz que o objetivo principal da educação é o de *desenvolver em cada indivíduo toda a perfeição de que ele seja capaz.* Apresenta-se como imperativo ético que assumamos o desapego, sem o qual, apenas fomentamos crônicas dependências naqueles com quem compartilhamos a existência. Fomentemos uma autonomia, que não é autossuficiência e solidão, mas algo que se exerce relativamente ao outro, com o outro, sem desistir do outro.

Experienciei algumas situações em que o desapego se combinou com uma autonomia, com o respeito por si próprio. A *Clarice* dissera que *aquilo que era verdadeiramente imoral era ter desistido de si mesmo.* Talvez seja mais fácil de entender essa combinação, se vos der a ler pedaços de uma carta recebida do meu amigo Jean:

> "O meu pai faleceu nesta madrugada. É difícil exprimir tudo o que sinto. O meu pai viveu muito e bem, soube viver e soube morrer. Permaneceu lúcido até ao fim, e penso que não foram as dores físicas que o fizeram partir. Há cerca de um mês, ele disse-me: "Quando a vida já não pode ser melhor..."
>
> Nos seus 87 anos, viu duas guerras mundiais e exerceu a profissão de professor. Nas últimas duas semanas de vida, já quase não se alimentava e falava com uma voz quase inaudível: "É sempre preciso partir... Sê feliz, Jean, tenta fazer o que puderes para ser feliz."
>
> Agora, que vejo estas palavras escritas no meu computador, parecem-me poucas. Acho que o meu pai tinha aquela capacidade de dizer coisas por trás das palavras que dizia. Peço-lhe desculpa por este desabafo. Há tanta coisa ainda cá dentro!"

É bem difícil o desapego de pessoas e momentos. Está fora de causa que não amemos aqueles seres que se vão para sempre, mas talvez essas dolorosas partidas devessem ser bem mais suaves. A morte nada tem de trágico, a não ser para quem nunca viveu.

Nas escolas ensinava-se quase tudo, exceto a saber viver. E nunca estávamos preparados para perdas e lutos. Por mais que a frase aparente contradição, diria que desapego é compartilhamento, o trabalho em equipe. E, mesmo na ausência, se pode compartilhar – que o digam as práticas quânticas.

O mestre Dalai Lama aconselha-nos a que, nem que seja por egoísmo, façamos alguém feliz – fazer alguém feliz, mesmo à distância, é um modo de exercitar o desapego.

Ao morrer, Alexandre Magno, determinou que os tesouros conquistados fossem espalhados no caminho até seu túmulo e que suas mãos fossem deixadas balançando no ar, fora do caixão, à vista de todos.

Nascemos nus, partimos nus, nada nos pertence. Não façamos listas de livros emprestados. Tenhamos a bondade de desaparecer, deixando um rasto luminoso de palavras e gestos, a iluminar novos caminhos de novos passantes. Como o fizeram a Claudia e a Ecilene.

Nise da Silveira terá sido um dos símbolos maiores de uma lealdade entendida como fidelidade a princípios. Nela reconheço o seu exemplo e inspiração. A sua figura emerge de um tempo conturbado e no contexto de uma sociedade alienada e alienante, uma civilização desviada para um abismo de si mesma.

Nise sofreu a repressão, a discriminação, mas manteve-se leal a si mesma e àqueles que, nos asilos de então, recebiam o seu eletrochoque diário – quando o médico-chefe lhe ordenou que executasse a eletroconvulsoterapia, Nise recusou apertar o botão do eletrochoque. Com esse ousado gesto, mudou de forma definitiva o tratamento psiquiátrico que se fazia no Brasil. E precipitou a sua prisão (ainda que, como bem disse Clarice, prisão seria seguir um destino que não fosse o próprio). Assim foi que outro escritor, Graciliano Ramos, companheiro de cárcere de Nise, a ela se referiu:

> "A sua presença benfazeja afugentava lembranças ruins, a pobre moça esquecia os próprios males e ocupava-se dos meus".

Lealdade a princípios! Lealdade aos seus "loucos", enfrentando a loucura que havia fora de asilo. O seu exemplo permaneceu vivo ^na vida e na obra de educadores leais a princípios, no Advento de uma nova Educação.

Entre dezembro e janeiro, festejava-se o nascimento de um Menino-Deus, que ninguém sabia quando nascera. A festividade fora oficializada como *Natale Domini*, cristianizando festas pagãs do solstício de inverno romano. Era invocada a peregrinação do Rei Gaspar, em demanda do Rei dos Reis. No conto "Os três Reis do Oriente", a Sophia escrevera:

> "Uma delegação de homens importantes veio ao palácio de Gaspar. E disseram:
>
> *Por que não te apresentas no templo do Bezerro? Por acaso te falta oiro para a oferta? Que tens tu de comum com a ralé das docas? Não estás por acaso vestido de púrpura e de linho como um rei? Porque desafias o poder de Zukarta? Serás um traidor? No culto do Bezerro está a prosperidade e a grandeza da Kalash. Estarás vendido aos nossos inimigos?*
>
> Gaspar respondeu:
>
> *Não posso adorar o poder dos ídolos. O meu deus é outro e creio no seu advento, que a Terra e o Céu me anunciam.*"

Gaspar se sabia acompanhado do seu deus, como sabiam estarem acompanhados aqueles que, nos idos de vinte, abandonaram a solidão da sala de aula e ousaram conceber novos modos de aprender. Aproximava-se um tempo de mudança profetizada por Friedberg:

> "Já não há lugar para uma noção como «a resistência à mudança», ou, pelo menos, dever-se-ia utilizá-la com muito mais circunspecção do que habitualmente fazemos."

Escolas são pessoas, mas são as pessoas que, não raramente, invalidam intenções. Foi precisa muita paciência, muitas lágrimas vertidas. Os pais dos nossos alunos foram os nossos maiores aliados. Quando a "fofoca" e a maldicência se instalavam nas relações humanas, os pais defendiam o projeto como uma leoa defende os seus filhos. Até que, após mais de vinte anos de projeto, o ministério da educação o consagrou e o reconheceu no "Primeiro Prémio do Concurso Experiências Inovadoras no Ensino".

Na Ponte não cabiam educadores auto-centrados, nem protagonismos fúteis. A cultura profissional seria reelaborada, ao longo de um processo de formação iniciado em meados de fevereiro de dois mil e vinte e quatro.

Nesse tempo, a cultura profissional dos professores era condicionada pela obediência formal a "superiores hierárquicos" e pela tentação de entrar na "zona de conforto", de onde jamais sairiam. E, por essa razão, a maioria dos professores morria aos vinte e era enterrada aos sessenta ou setenta.

Por que seria tão difícil deixar de ser dador de aula, nesse tempo? O que os impedia de tomar a decisão ética de serem professores?

Aquela não era a primeira vez, nem seria a última, que um poder público prepotente praticava injustiças. A "funcionarização" dos professores era causa de vis afrontas praticadas por diretores, secretários, ministros. E a Céu Roldão descrevia a insana situação:

"Vive-se, atualmente, um momento particularmente crítico, em que se joga a afirmação ou esbatimento da profissionalidade docente, por força de fatores como a imobilidade persistente dos dispositivos organizacionais e curriculares da escola geradora do seu anacronismo ante as realidades atuais, a pressão das administrações e dos poderes económicos para uma funcionarização acrescida dos docentes, todavia também largamente alimentada pelos próprios professores, prisioneiros de uma cultura que se instalou ao longo deste processo e que contradiz a alegada reivindicação – no discurso político e no discurso dos próprios docentes – de uma maior autonomia e decisão, desejavelmente associadas a um reforço de profissionalidade."

Por não se deixar "funcionarizar", a Fabi foi alvo de um kafkiano processo disciplinar. Mas, o que constava dos autos, quais as irregularidades cometidas pela "indiciada"?

Constava que a Fabi teria concedido uma entrevista a um programa de rádio, sem que, previamente, tivesse comunicado à Diretoria que a iria fazer. A "indiciada" infringira uma regra semelhante àquela que professáurios de antanho impunham na sua sala de aula. A Fabi deveria continuar a pedir para falar, ou... "para ir lá fora, fazer xixi". Talvez, até, devesse apresentar (previamente!) para análise de censura prévia, aquilo que iria dizer no programa em causa.

Seria ridículo, se não fosse grave exibição de autoritarismo, em tempo de (ainda que precária) democracia. Mas essa cretina atitude da Diretoria tinha uma absurda "explicação" – a Diretoria evocava uma lei aprovada pela Assembleia de São Paulo... a Lei nº 10.261/68. Uma lei de 1968!

O *"Estatuto dos Funcionários Públicos Civis do Estado"*, que a Diretoria impunha aos professores, para os "funcionarizar" tresandava a ditadura. Trinta anos após a publicação dessa lei, uma Lei de Diretrizes e Bases da Educação Nacional (LDBEN) tinha sido publicada. Mais de meio século decorrido, a ditadura tinha acabado e a Fabi tentava cumprir a Lei aprovada em 1996 e que estipulava que as escolas e professores fossem autônomos. Porém, os burocratas serviam-se de um palimpsesto, para impedir o cumprimento da lei, para vigiar e punir.

Naquele tempo, diretorias, secretarias e quejandos, impunemente, perseguiam educadores éticos e destruíam os seus projetos. E eu perguntava:

Até quando iremos permitir que atos infames sejam praticados?

Explícita ou implicitamente, os projetos humanos refletiam valores. Na teoria como na prática, se requeria lealdade a valores. Em que vida estarímos a educar os nossos jovens? Numa vida coerente com valores, na lealdade a princípios? Que virtudes eram ensinadas e aprendidas pelos nossos jovens?

Se um dos valores proclamados pelos professores era o da autonomia e se o professor em sala de aula não era autónomo, se os professores não ensinavam o que falavam, mas transmitiam aquilo que eram, por que continuavam a "dar aula"?

Os fenómenos educativos caracterizam-se por uma complexa e imprevisível instabilidade e por um permanente conflito de valores. As "realidades" educativas fomentam dilemas perante os quais os professores acabam, de qualquer modo, por tomar posição. Mais do que profissionais preparados para alcançar objetivos com "eficácia e eficiência", os professores são intelectuais com capacidade de exercício crítico. Para que não suceda uma opção de alheamento, o professor deverá ser considerado como um profissional autónomo, que toma decisões e se assume como investigador da sua própria prática e da prática dos seus pares.

O meu amigo Luís era um dos raros diretores de agrupamento de escolas, que assumira um compromisso ético com a educação. Com perspicácia e bondade, ia tentando contornar burocráticas armadilhas. Eu compreendia a intenção do meu amigo, mas já vira tentativas semelhantes se saldarem por insucessos.

Um decreto tinha aberto caminhas de autonomização. Mas, no quadro de uma regulamentação instrucionista, a assunção de autonomia era "missão impossível".

Lancei avisos, aconselhei-o, mas respeitei as suas decisões. Só não conseguia entender a falta de ética de outros diretores. Se a autonomia estava a ser, gradual e responsavelmente, assumida na "Manuel da Maia", o que impedia que o fosse em outras escolas?

O inesperado, o incerto da profissão de professor é, em si-mesmo, reflexo de autonomia e obstáculo a intromissões, quando se observa a preocupação com a denúncia da dominação, a par com uma nova ética da liberdade.

A tarefa básica é a de mudar vivendo o presente na incerteza do presente. Nos atos mais triviais estão presentes as recusas da antecipação teórica dos problemas práticos. Está presente o jogo da liberdade com o real, que visa transformá-lo. Nas palavras de Vaalgarda e Norbeck:

> "Os participantes fazem, em conjunto, um intercâmbio de experiências. O grupo sabe mais que o indivíduo, buscando coletivamente os factos de que necessita. E o indivíduo singular sente-se valorizado ao colaborar para um objetivo comum, num exercício democrático, estímulo para se agir na sociedade ou no local de trabalho".

A mercantilização da Escola Pública

Assistíamos à expansão de uma perspectiva desenvolvimentista da educação com a sua subordinação aos *imperativos* da competitividade económica e às *regras do mercado*. A narrativa do "foco no resultado" se sedimentara no meio corporativo e na gestão das escolas. Por essa via, jamais aconteceria Escola Pública, tal como João Barroso a interpelava:

> "Durante mais de 150 anos o Estado assumiu, no mundo ocidental, a função de *Estado Educador*. A criação e desenvolvimento da escola pública tornou-se, primeiro, um imperativo para a consolidação do Estado-Nação e, mais tarde (principalmente a partir da Segunda Guerra Mundial), um elemento essencial do desenvolvimento económico.
>
> A escola pública desenvolveu-se, assim, com base num voluntarismo político, claramente centralizador, que pressupunha um forte consenso social no valor da educação e nas modalidades de organização da escola.
>
> O crescimento extraordinário dos sistemas educativos e a complexificação da sua organização tornaram difícil a sua renovação e adaptação às necessidades do mundo actual.
>
> Perante estas situação de crise, os governos procuraram responder com grandes reformas que, com grande optimismo retórico, eram anunciadas como o mito regenerador da educação e a boa solução para tudo resolver de maneira racional e planificada.
>
> O balanço que se faz destas grandes reformas, que constituíam o *manifesto político* de qualquer ministro que se prezasse é conhecido. A maior parte das reformas não passou do papel e as que foram um pouco mais longe raramente se radicaram nas escolas e, muito menos, na sala de aula e nas suas práticas quotidianas."

Na ausência de uma verdadeira autonomia, a Escola Pública estava exposta à mercantilização. Na Internet, eram abundantes anúncios deste tipo:

> "Como sair de zero para quatro mil alunos em 12 meses. Metodologia de Aceleração de Vendas. As inscrições estão abertas".

Secretarias de educação celebravam contratos milionários com empresas. Fundações e filantropos injetavam avultasdas quantias em experimentalismos inconsequentes. adotando "finlandesas soluções", que nada solucionavam.

A defesa da Escola Pública passaria pelo desmonte do carácter pretensamente *neutro* da introdução de uma lógica de mercado na educação, pela denúncia da sua *ética* perversa e por fazer da definição e regulação das políticas educativas um processo de construção coletiva do bem comum que à educação cabia oferecer, em condições de igualdade e justiça social, a todos os cidadãos.

Confirmava-se aquilo que Darcy Ribeiro dissera, que a crise da educação não era uma crise – era um projeto. A administração educacional se manifestava cada vez mais ineficiente e moralmente corrupta. Impunha um modelo educacional obsoleto e que jamais garantiria a todos o direito à educação, colando-lhe paliativos "maker", "híbridos", organizando inúteis e dispendiosas conferências, congressos, seminários.

Era por demais evidente a falência do "sistema de ensino". O erário público era saqueado por abútricas empresas, por (de)formadores, por eufemísticos "centros de estudo" (de "explicações", de "reforço") e por palestrantes de PowerPoint, enquanto projetos com potencial de mudança definhavam por falta de apoio.

Alheios ao drama, os meus companheiros das ciências da educação (teoricamente) se debruçavam sobre a questão. Entre eles o Matias Alves, que, por essa altura, publicava no antigo Facebook um artigo com o título "A autonomia (relativa) e as possibilidades de desenvolvimento profissional e organizacional":

> "No seu sentido etimológico e que continua a ser pertinente, a autonomia é a capacidade e a possibilidade das pessoas e das organizações se darem as próprias normas de ação. Ter a capacidade e a

> possibilidade de optar, decidir, construir os regulamentos em função das situações, dos problemas, das especificidades da ação concreta.
>
> Como refere Weber, "a autonomia significa, ao contrário da heteronomia, que a ordem do agrupamento não é imposta por alguém de fora do mesmo e exterior a ele, mas pelos seus próprios membros e em virtude dessa qualidade".

Como se vê, este poder assenta no pressuposto de que as pessoas e as organizações são capazes de assumirem a liberdade e o risco da tomada de decisão, podem ser coautores das regras de conduta; e, igualmente se compreenderá, que este saber poder é limitado e relativo. Porque ninguém sabe tudo, ninguém é inteiramente livre de agir, está condicionado pelos saberes e liberdades dos outros e pelas normas legais e sociais em que se movimenta e de que é coautor. Daí que se aceite que a autonomia assuma uma natureza pluridimensional, relacional, relativa, processual."

Nada de novo. Porque seria que se continuava a sofisticar o discurso e a aceitar a continuidade da miséria das práticas?

É de prática que vos falo, não de teorização de teorias teorizadas. Faço-o porque os teoricistas dos idos de sesenta tinham todo o direito de «duvidar» da possibilidade de assunção de uma autonomia responsável, mas poderíamos admitir que a aprendizagem poderia ser reduzida a uma resposta a estímulos externos ao sujeito de aprendizagem?

Só porque escasseava a caução das práticas (ditas) alternativas, teóricos como Gagné "raramente duvidavam". Mas o discurso teórico instrucionista poderia cair em contradição, se confrontado com algumas inelutáveis práticas participadas pelo vosso avô. Humildemente, contrapus o argumento de uma práxis dos anos setenta, num textinho intitulado "Uma utopia realizável?" Ei-lo:

> "As propostas de Gagné, como as de tantos outros teóricos militantes, orientam a aprendizagem para o domínio da criação de situações de ensino em que ao professor cabe apresentar estímulos, dirigir a atenção do aluno, fornecer modelos, orientar "a direção do pensamento", e ao aluno um papel passivo.
>
> A tecnologia educativa projeta-se em artefactos que visam a "função geral de fornecer imputs à pessoa que aprende", afirma Gagné. Não declino o importante papel da repetição, da memória e

> do esforço, mas uma criança aprendiz poderá ser metaforicamente comparado a um rato aprendiz que, por tentativas, constrói o seu mapa cognitivo?"

A farsa instrucionista estava bem montada e generosamente financiada por empresas e fundações. Alastrava a praga das start-up educacionais consideradas inovadoras – que de inovadoras nada tinham – lideradas por titulares de cursos de administração de empresas e por técnicos de Marketing, que apenas visavam lucro, explorando a ignorância e a ingenuidade pedagógica.

Consultei a lista de palestrantes de "lives" promovidas por abútricas empresas. A curiosidade me levou à consulta do currículum vitae de improvisados e falsos "especialistas" em educação. Eram especialistas em Administração, Gestão de Empresas, Design de Produto, Publicidade e Propaganda, Informática, Direito, Finanças, Varejo e Serviços, Ciências do Consumo Aplicadas, Educação Executiva...

No distante 2024, os "híbridos" seduziam a administração educacional e secretarias de educação compravam "gato por lebre". Numa economia de mercado, o direito à educação estava transformado numa mercadoria. Já tinham sido inventados os "contra-turnos", as "atividades de enriquecimento curricular" e de "apoio às famílias", e o "tempo integral". Eram, respetivamente, formas de desculpabilização curricular, doses duplas de tédio e trabalho de baby sitter, e um tempo integral confundido com educação integral.

A escolha das condições para a aprendizagem determinava, decisivamente, o tipo de modificações que se operavam. Alunos transformados em "monstrinhos de tela", consumiam currículo prescrito, como cobaias de laboratórios "alternativos", ou "ratinhos de laboratório" de aprendizes de feiticeiro. Burocratas usurpavam espaços de reflexão e prática, onde deveria prevalecer o bom senso e uma ciência prudente.

Iríamos esperar mais um século pela erradicação da escola da sala de aula?

Lideranças tóxicas

Nos idos de setenta, a Ponte já não tinha diretor. Desde os primórdios do projeto, se foi intensificando a participação comunitária, que culminou com uma maioria de pais no Conselho de Direção. Era a comunidade a dirigir uma escola.

A Lei de Bases somente à universidade conferia o direito ao exercício da autonomia:

"Os estabelecimentos de ensino superior gozam de autonomia científica, pedagógica e administrativa. As universidades gozam ainda de autonomia financeira".

As escolas padeciam de uma administração fossilizada e a lei impunha menoridade cidadã ao ensino "inferior".

Após a celebração do contrato de autonomia da Ponte, outras escolas foram contempladas com contratos desgastados por uma regulamentação adaptada à racionalidade burocrática. Remetidos para a condição de subordinados de lideranças toxicas, os professores eram privados do exercício digno da profissão, reproduziam arcaicos rituais, em ajuntamentos de escolas controlados por comissários ministeriais.

Praticando uma gramática da resiliência, a Ponte conseguiu resistir. Alcançou os primeiros lugares em concursos de projetos inovadores, teve as mais altas classificações nos processos de avaliação externa e até foi homenageada pela Presidência da República. Isso lhe permitiu granjear prestígio e muitos inimigos, particularmente entre as lideranças tóxicas, que se opunham a qualquer reivindicação de autonomia.

As lideranças tóxicas centralizavam o poder e afirmavam-no de várias formas e feitios; reservavam e controlavam a informação, para saberem mais do que os outros; desconfiavam das capacidades dos outros e não perdiam oportunidades para o evidenciar; preservavam as distâncias e cultivavam o cerimonial da subserviência; construíam dispositivos de controlo sobre rumores e boatos organizacionais; instituíam formas tendencialmente vassálicas de relação; fundamentavam o poder na autoridade legal, com o argumento "eu é que sou o diretor"; eram permeáveis à prepotência e ao amiguismo, destruindo qualquer hipótese de construção de comunidades educativas; cumpriam as orientações superiores, desvalorizando a legitimidade democrática que as colocou nesse lugar; tinham dificuldade de escuta, não construíam laços, envenenavam relações, semeavam a discórdia.

Na direção de agrupamentos de escolas, era frequente encontrar esse tipo de lider. Aliavam a ignorância à prepotência, para "fagocitar" professores que ousassem tentar atingir a dignidade do exercício de autonomia. Precavido contra a normose educacional, o meu amigo Miguel Angel escreveu um artigo, em que descrevia o que chamava de **"fagocitose do educador":**

*"Fagocitose é **a** propriedade que algumas células têm de capturar e ingerir outras células. Simplesmente comem-nas. Destroem-nas."*

No sistema social, no sistema educativo, na escola, também há mecanismos de fagocitose. São as acusações e desqualificações pessoais contra aqueles que não desistem de trabalhar para uma melhor educação. Eis alguns juízos desqualificativos:

> "Tem problemas afetivos (e é por isso que se dedica, que trabalha).
>
> É um trapaceiro. Faz bom trabalho por interesse de ascender, para ter Muito Bom, para adular os chefes, para receber uma recompensa.
>
> Tem poucas luzes". Atribuir a uma pessoa a escassez de dotes críticos ou criativos, considerá-la imbecil é uma forma de se manter na trincheira dos espertos. Ser inteligente e não "fazer nenhum", ganhar muito com o mínimo de esforço.
>
> Tem problemas com a mulher (ou com o homem)."

Foram trágicos os efeitos de mais de um século de normose educacional e fagotização de dissidentes. As organizações educativas que tinham a desgraça de serem governadas por esse perfil de liderança passavam dificuldades. Por isso, nos protegemos dos riscos de liderança tóxica. Celebramos com o ministério um contrato de autonomia. Em 2004, extinguimos órgãos unipessoais e criamos conselhos.

Com a celebração de um contrato de autonomia, o diretor (que tinha dever de obediência hierárquica) foi substituído por um Conselho de Direção, coordenado por um representante dos pais (que não estavam obrigados a obedecer). Nos anos seguintes, o contrato de autonomia viria a ser descaracterizado pela prepotência do ministério. Mas, os pais sempre estiveram presentes, quando foi preciso decidir o destino do projeto.

Li num jornal o comentário de uma professora que, ao cabo de mais de trinta anos de serviço, se viu envolvida na aventura de criar um "agrupamento de escolas":

"Há dias, houve uma reunião e estava lá um representante dos pais. Fiquei espantada! Com esta idade, nunca tinha visto nenhum!"

A exclamação só constituiria surpresa para quem não vivesse o quotidiano de escolas "normais", onde os pais não passavam da portaria.

Sucessivos relatórios de avaliação externa confirmavam a excelente qualidade da educação que na Ponte se fazia. Mas, ministros de má memória não respeitaram o acordo, impuseram novas regras, ameaçaram com o desemprego dos professores. A administração educacional contrariava o disposto na lei, negava o direito ao exercício digno da profissão de professor. Lideranças tóxicas recusavam dialogar e, não raras vezes, recorriam à ameaça. A lei era votada ao ostracismo.

Os trágicos efeitos da escola da aula se perpetuavam e os professores cederam perante a intimidação, porque o cansaço era de muitos anos. A escola ficou ilhada, no outro lado do rio. O contrato de autonomia ficou descaraterizado e lideranças tóxicas se instalaram.

Como enfatizaram alguns psicólogos russos de há mais de um século, o desenvolvimento humano ocorre em meio a uma rede de relações sociais, marcadas por um contexto sociocultural específico, é sempre um ato de relação. O aprendente aprende, quando tem um projeto de vida, um projeto de vida com os outros, participando de transformações, pois, como Augusto Boal advertira: "cidadão não é aquele que apenas vive em sociedade – é aquele que a transforma.

Para ser, efetivamente, "integral" (um modismo da década de vinte), a educação deveria contemplar a multidimensionalidade do Ser. Deveria acontecer, efetivamente, em tempo integral, isto é, a todo o momento, nas 24 horas de cada um dos 365 dias de cada ano. Requeria o questionamento do modelo de relação hierárquica, alteração de padrões comportamentais, atitudinais. Requeria a disponibilização de equipamentos coletivos e espaços de encontro, flexibilidade na organização, respeito pela diversidade.

Com raras exceções, não era isso o que acontecia. Acompanhei práticas integrais e integradoras, que visavam o desenvolvimento local e ocorriam em múltiplos espaços sociais, tal como Lauro previa:

"Escola, no futuro, será um centro comunitário propulsor das equilibrações sincrônicas e diacrônicas do grupo social a que serve".

As emergentes "turmas-piloto" de comunidade de aprendizagem cumpriam o desígnio do Mestre Lauro. Fundadas no conectivismo, estruturavam redes sociais, contextos de mútua aprendizagem presencial e remota. No contexto de uma relação de agrado, vínculos afetivos, cognitivos, emocionais viabilizavam a produção de conhecimento. O desenvolvimento humano ocorria em meio a uma rede de relações sociais marcadas por um contexto sociocultural específico.

Em meados da segunda década deste século, acompanhei as práticas do "Mais Educação". Era um belo projeto, como eram meritórias as iniciativas que visavam o desenvolvimento local e uma inevitável redenção da Escola. Mas, uma necessária reelaboração cultural requereria alteração de padrões atitudinais. A educação de tempo integral (e a educação integral) requereriam descentralização, questionamento do modelo de relação hierárquica, negociação e contrato, iniciativas culturais, disponibilização de equipamentos coletivos e espaços de encontro, a flexibilidade na organização e respeito pela diversidade.

Porém, na perspetiva reducionista como vinha sendo interpretado e desenvolvido, o projeto de "escola de tempo integral" ocupava "tempos livres", assegurava atividades conduzidas por monitores mal preparados e mal pagos e sem qualquer ligação com os projetos das escolas. As nobres intenções de educação em tempo integral disfarçavam a falência do modelo instrucionista.

Havia quem se apropriasse de conceitos como o de "educação integral", para batizar práticas obsoletas, ainda que patrocinadas por empresas e até pelo poder público. E a prática do contra-turno contribuía para operações de cosmética pedagógica, eram meros processos de desculpabilização curricular.

Lamentável situação! Mais uma oportunidade de mudança se perdia na prática de uma "educação integral" sequestrada por ministeriais artifícios, por organizações com boas intenções, por lideranças tóxicas.

Autonomia *versus* novos e subtis modos de controle

No Portugal dos anos oitenta do século passado, a Lei de Bases, no seu artigo 45º, estabelecia o primado dos critérios de natureza pedagógica sobre os critérios de natureza administrativa. Esse artigo, que se saiba, nunca foi revogado e, com sucessivas revisões da lei, chegou a ser o 48º. Tinha por objeto a "administração e gestão dos estabelecimentos de educação e ensino". O seu teor foi letra morta e a sua intenção foi neutralizada pela burocracia instalada na chamada "Direção-Geral dos Estabelecimentos Escolares".

Reparemos na ausência da palavra "aprendizagem". Prevalecia a ensinagem e o controle da ensinagem assegurado por zelosos funcionários, que identificavam a "escola" com um prédio, um "estabelecimento" e que geriam escolas como gere uma padaria. Esse controle era acionado sobre professores e gestores de "estabelecimentos escolares", que, por seu turno, agiam como "donos do pedaço" (na versão da gíria brasileira).

Reparemos, com a devida atenção, no teor do número 3 desse artigo: *"na administração e gestão dos estabelecimentos de educação e ensino devem prevalecer critérios de natureza pedagógica e científica sobre critérios de natureza administrativa"*.

Era raro encontrar escolas, ou agrupamentos de escolas, onde prevalecessem critérios de natureza pedagógica e científica. neles prevaleciam critérios de natureza administrativa e até mesmo burocrática. O primeiro parágrafo desse artigo assim rezava: *"o funcionamento dos estabelecimentos de educação e ensino, nos diferentes níveis, orienta-se por uma perspectiva de integração comunitária"*. Pura ilusão! E acrescentava:

"sendo, nesse sentido, favorecida a fixação local dos respectivos docentes". E os docentes eram colocados bem longe das suas casas e das comunidades de pertencimento.

Continuemos a breve análise da lei, desde as intenções dos legisladores à sabotagem operada pelos regulamentadores: "*em cada estabelecimento ou grupo de estabelecimentos de educação e ensino a administração e gestão orientam-se por princípios de democraticidade e de participação de todos os implicados no processo educativo*". Democraticidade, se o dever de obediência hierárquica obrigava ao cumprimento de ordens "superiores", mesmo que com elas não se concordasse? Participação de "todos" na gestão? Quem eram os "todos"?

Em meados da década de setenta, já milhares de estudos estavam armazenados em arquivos de universidades e ministérios, condenados ao esquecimento, até que outro estudo do mesmo tipo e preocupações surgisse. Nesse tempo, todos os tratados que visavam salvar a Educação já tinham sido escritos. Só faltava salvar a Educação.

Dado que os funcionários ministeriais, embora parecessem atarefados, quase nada de útil tinham que fazer, mitigavam o burocrático tédio redigindo normativos feitos de belas palavras e tenebrosas intenções. Quarenta anos decorridos, um decreto-lei (de abril de 2008) era disso exemplo. Parecia ter a intenção de "criar condições essenciais para a melhoria do sistema público de educação". Porém, tal desiderato não se conseguiria alcançar com aquilo a que chamavam "reestruturação da rede escolar".

Viciados em pedagogia predial, os legisladores "achavam" que escolas eram edifícios feitos de salas de aula e, já nas décadas anteriores a esse decreto-lei, o "achismo da "reestruturação" conduzira à desertificação do interior do país, a uma ruinosa manutenção de "centros educativos" ociosos e outras megalomanias prediais.

O sistema, também, não melhoraria com "a consolidação e alargamento da rede de escolas com contratos de autonomia", dado que de autonomia os novos contratos pouco ou mesmo nada tinham. O legislador decretara que a definição das linhas orientadoras da atividade da escola era atribuição do conselho geral. Porém, se as "linhas orientadoras" eram estabelecidas por um diretor e se os não docentes não podiam ser maioria no "órgão de direção estratégica", estava compromretidsa a participação da polis na "definição".

A anunciada "hierarquização no exercício de cargos de gestão" ia na contramão de um efetivo exercício de autonomia. Ao trocar conselhos de direção por diretores, reforçava-se o centralismo. Se a atividade do diretor estava subordinada ao dever de obediência hierárquica, não se percebia como essa troca pudesse "melhorar o sistema".

O decreto da nova autonomia falava do reforço da exigência dos requisitos para o exercício da função de diretor e de "formação especializada para o exercício do cargo". Mas, se a maioria dos diretores delegava nos seus vices a competência pedagógica, de que "especialização" falaria o decreto?

Quanto à "integração dos instrumentos de gestão, a consolidação de uma cultura de avaliação e o reforço da abertura à comunidade" (sic), restava saber de que "cultura de avaliação", de que "abertura à comunidade" se tratava.

Já dizia Licínio Lima que a escola era, simultaneamente, um sistema de reprodução normativa e um sistema produtor de "políticas, orientações e regras".

A escola era uma organização social marcada por múltiplas perspectivas. Os atores escolares não se limitavam ao cumprimento sistemático e integral das regras hierarquicamente estabelecidas por outrem. A lógica burocrática, a centralização do poder de decisão, uma extensa cadeia hierárquica, a divisão e fragmentação do trabalho, a impessoalidade das relações interpessoais, a uniformidade e padronização dos currículos e sistema de avaliação condicionavam a reinterpretação das regras.

Também dessa vez, o ministério da educação não primou pela honestidade e competência. Conferindo retroatividade ao normativo, retirou competência do contrato de autonomia celebrado em 2004.

No Brasil, aceiti fazer parte do Grupo de Trabalho da Criatividade e Inovação criado pelo ministro Renato Janine. Em todas as reuniões desse GT chamei a atenção para medidas a tomar, antes de divulgar uma lista de escolas consideradas inovadoras. Entre elas, a celebração de termos de autonomia, que conferisse às escolas garantia de estabilidade e possibilidade de escolha.

Outras prerrogativas deveriam ser incluídas no termo, mas duas delas se mostravam indispensáveis. A grande mobilidade dos professores constituía fator de desgaste, pelo que os educadores das equipes de projeto deveriam manter-se juntos por um período nunca inferior a três anos. E as escolas com projeto deveriam poder escolher professores em concurso universal de critérios bem definidos.

178 projetos foram considerados inovadores. Meia dúzia de anos após a publicação da lista, restava meia dúzia. A falta de um termo inviabilizou ou desvirtuou a maioria dos projetos distinguidos pelo ministério. E, mais uma vez, uma nova prática educacional ficou pelo caminho. A inovação voltou a matar a inovação. A mudança do prefeito, o capricho do diretor, o autoritarismo do administrador, pequenas traições de colegas professores, deitaram por terra o esforço de notáveis educadores.

Os projetos são sustentáveis, quando a base e o centro estabelecem acordos de autonomia, o que raramente acontecia. Ano após ano, as escolas se viam privadas de professores leais aos projetos. Quando estes ingressavam em outra escola, raramente encontravam outros professores, que assumissem um compromisso ético com a educação. E se perdiam em emaranhados burocráticos. Àqueles que ficavam, restava-lhes proporcionar formação aos que chegavam e que só sabiam... "dar aula".

O exercício da autonomia pressupunha assumir maior responsabilidade, que o educador se assumisse como trabalhador da educação ao serviço de um projeto adotado por uma comunidade. Mas, o "sistema" negava estabilidade às equipes de projeto e eram raras as escolas autônomas, eram raros os professores autônomos.

Nas andanças pelos brasis das escolas, encontrei a prudência em forma de gente, aconselhando, prevenindo. Escutava educadores e refletia sobre os seus infundados receios. Mostravam preocupação com a minha proposta de publicação dos termos de autonomia – "talvez os secretários não permitissem". E eu peerguntava:

"O que impede? O que está na lei que permita a um secretário "não permitir"?A celebração de um termo de autonomia não é feita com um secretário, mas com uma secretaria".

Em Portugal, era gritante o contraste existente entre o teor da regulamentação e a Lei de Bases, eram visíveis as contradições. Embora o terceiro parágrafo do seu 48º artigo consagrasse o primado dos "*critérios de natureza pedagógica e científica sobre critérios de natureza administrativa*", a realidade contradizia o disposto na lei.

Mercê do indigno dever de obediência hierárquica, o que prevalecia era a arbitrariedade administrativa. Um diretor de agrupamento recebia ordens de um superior hierárquico e, ainda que delas discordasse, as cumpria e fazia cumprir. A ordem seguia desse diretor para o diretor da escola. Ordens impostas verticalmente, sem qualquer fundamento em "critérios de natureza pedagógica e científica" eram, servilmente, aplicadas pelos professores em sala de aula.

A administração e a gestão deveriam orientar-se "*por princípios de democraticidade e de participação de todos os implicados no processo educativo*". Mas, durante muitos anos, a norma não foi acatada. Regulamentos manifestamente autoritários (e ilegais!) comprometeram a mudança e a inovação. Hoje, poderei mesmo afirmar ter sido criminosa tal prática, pois, ainda que indiretamente, contribuiu para condenar à ignorância milhares de seres humanos.

A Lei de Bases estabelecia que o funcionamento dos estabelecimentos de educação e ensino se orientasse "*por uma perspectiva de integração comunitária, sendo, nesse sentido, favorecida a fixação local dos respectivos docentes. Mutatis, mutandis, a* Direção da Escola da Ponte foi entregue à comunidade, sem a figura tutelar de um diretor, favorecendo a "*integração comunitária*". Mas, o surgimento dos centros educativo e dos agrupamentos de escolas anulou outras iniciativa de "integração".

Em escassos parágrafos, refrescarei a mente de quem não se lembre do que foi a infeliz criação dos "agrupamentos de escolas", decretada pelo ministério da educação de Portugal, em nome da... autonoma. Matias Alves dizia ser preciso avaliar e rever essa "agregação":

> "A Agregação Forçada de Escolas transformou os estabelecimentos de ensino em "Unidades Orgânicas" ingovernáveis. As vantagens proclamadas no Diário da República e nos discursos políticos – mais articulação vertical, mais coerência organizacional, mais

> sequencialidade...- não passaram, na maior parte dos casos, de uma retórica de ilusão para não dizer de hipocrisia.
>
> Os mega agrupamentos foram "soluções" tecnocráticas para um maior controlo e para a redução de custos. Mas à custa de muitos prejuízos de valor incalculável. As lideranças pedagógicas focalizadas nas aprendizagens deixam de poder existir; as práticas de proximidade, suporte e exigência tornam-se tendencialmente impossíveis.
>
> Não se advoga um regresso ao passado. Mas, com as escolas, avaliar a eficiência e a eficácia da decisão. Nos casos em que novas identidades se forjaram e as aprendizagens dos alunos se fortaleceram, deixar estar. Nos casos em que se acentuou a balcanização e o caos ter a coragem e a sensatez de voltar atrás. Para se poder ir em frente."

No início do século, a Escola da Ponte protagonizou a primeira experiência de agrupamentos de escolas. Aves/São Tomé de Negrelos foi a sua designação. A experiência não durou mais do que um ano letivo. Consciente do logro de *"soluções" tecnocráticas para um maior controlo e para a redução de custos"*, a Ponte recusou integrar quaisquer "ajuntamentos", que viessem a ser criados. Quedou-se à margem dessa insanidade.

Nos idos de oitenta, aprendi com o João Barroso e com o Rui Canário como elaborar um enquadramento jurídico, que se abriu a uma autonomia, que ainda não chegara ao chão da escola, após doze anos de regime democrático.

Somente no final dos anos 90, a Lei da Autonomia foi publicada. E em 2004 novas e perversas formas de controlo se instalaram. No final da primeira década deste século, apenas uma autonomia mitigada era consentida e se converteu em réplicas de novos modos de regulação.

Algo idêntico havia sucedido na década de 70. A autonomia afirmada pelas escolas levou a administração central a dar-lhe cobertura legal. Mas, terminada a fase de normalização, verificou-se o retorno de uma centralização concentrada e burocrática, explícita no Decreto-Lei n.º 769-A/76.

A Lei n.º 46/86, Lei de Bases do Sistema Educativo recuperou o princípio da autonomia das escolas, lançando na opinião pública e nas escolas o debate em torno de conceitos como: descentralização, desconcentração e diversificação da administração, direção e gestão educacional.

A lei estabeleceu que o sistema educativo se deveria organizar de modo a implementar práticas democráticas e processos participativos, partindo do princípio de que cabia à escola um papel fundamental no desenvolvimento local.

Na segunda metade da década de 80, fiz amizade com um ministro que ousou mandar publicar um Decreto-Lei, prevendo a transferência progressiva de atribuições e competências para as organizações escolares, traduzindo o reconhecimento pelo Estado da capacidade de as escolas melhor gerirem recursos do que o poder central, através da concretização dos seus projetos educativos. Esse ministro não aqueceu o lugar...

No Decreto-Lei 43/89 se dizia que se pretendia redimensionar o perfil e a atuação das escolas nos planos cultural, pedagógico, administrativo e financeiro, alargando simultaneamente, a sua capacidade de diálogo com a comunidade em que se inseriam. No plano pedagógico a autonomia poderia ser exercida na organização dos currículos, na gestão dos processos de avaliação, dos espaços, do tempo. No plano financeiro, a escola poderia elaborar propostas de orçamento, procedendo à gestão financeira.

O meu amigo Rui Canário considerava que a autonomia consentida nesse normativo ainda era precária, residual. O Rui tinha razão. Posteriormente, vários normativos limitaram o seu exercício. E o contrato de autonomia da Ponte não escapou a esse cercear de uma "precária" e "residual" autonomia.

Nos primeiros anos deste nosso século, presenciamos a formação de mega-agrupamentos, a instalação de uma administração controladora, distante de uma educação na proximidade, servida por diretores desprovidos de autonomia e por professores remetidos para a condição de subordinados de lideranças toxicas, privados do exercício digno da profissão, reproduzindo arcaicos rituais, em ajuntamentos de escolas controlados por comissários ministeriais.

Em 2017, numa intervenção no Primeiro Congresso das Escolas, o professor Licínio asseverou que as lideranças fortes se revelavam particularmente fracas, quando os diretores dos agrupamentos se assumiam enquanto subordinados, fortemente dependentes perante a tutela.

A autonomia da escola era confundida com a autonomia do diretor, embora na prática se tratasse do exercício de micropoderes com alguma relevância para os atores escolares, mas que se mostravam "pequenas concessões de autonomia", nas palavras do professor Silva. Os diretores de agrupamentos de escolas se revelavam vulneráveis nas suas relações hierárquicas com a administração central, sendo escrutinados e responsabilizados por via de novos instrumentos de controlo e de "uma burocracia eletrônica cada vez mais intrusiva e autoritária".

No início deste século, alguns "alguéns", dentro da estrutura do ministério da educação tentavam, mais uma vez, destruir o projeto "Fazer a Ponte". A Universidade portuguesa juntou-se a um movimento de professores em defesa da escola pública. Amigos como o Rui organizaram encontros, que reuniram milhares de educadores. Os maiores vultos da educação desse tempo se juntaram na elaboração do "Manifesto de Apoio à Escola da Ponte". Aqui transcrevo alguns excertos do documento.

> "Ao longo dos últimos 25 anos, apesar das sucessivas (e falhadas) reformas, um coletivo de professores, com os alunos e os pais, desenvolveu, na Escola da Ponte, um projeto educativo ímpar, reconhecido a nível nacional e internacional. Esse reconhecimento traduziu-se, a nível institucional, pela conversão numa Escola Básica Integrada, alargando-se o âmbito do projeto a um percurso escolar integrado e coerente de nove anos.
>
> A sobrevivência deste projeto, por ação e por omissão do Ministério da Educação, está ameaçada. A sua extinção representaria um empobrecimento inaceitável do nosso património educativo, sem que haja, da parte do Ministério, qualquer razão plausível dos pontos de vista científico, pedagógico ou de política educativa.
>
> Há razões para apoiar a Escola da Ponte. A criação da EBI não representou uma resposta a problemas de oferta educativa local, nem de racionalização da rede escolar, mas tão-só o reconhecimento da singularidade e da riqueza pedagógicas deste projeto. Com efeito, a Escola da Ponte tem-se afirmado como uma escola diferente, em que a originalidade das soluções – não há anos de

> escolaridade nem turmas, os espaços são polivalentes e os professores não se queixam da falta de condições para dar o programa – se combina com o sucesso escolar e educativo das crianças e o envolvimento das famílias.
>
> Nesta escola, os alunos são tratados como crianças que aprendem a ser gente, com base na construção da sua progressiva autonomia para gerir tempos e espaços, planejar atividades, gerir a informação, participar na sua avaliação, exercer os direitos de cidadania. Nesta escola, tem vindo a ser construída uma resposta pedagogicamente coerente, e eficaz, para lidar com a heterogeneidade do público escolar.
>
> É exemplar o modo como, nesta escola, são integrados e resolvidos os problemas dos chamados alunos difíceis ou com necessidades especiais. O modo original de organizar o trabalho escolar dos alunos tem a sua contrapartida num modo, igualmente original, de organizar o trabalho dos professores.
>
> É particularmente estimulante a maneira como se reequacionou a articulação entre trabalho individual e coletivo e entre generalismo e especialização, com base num coletivo de professores que constroem e exercem uma autonomia não outorgada e que não admite tutelas."

No Portugal dos anos oitenta do século passado, o terceiro parágrafo do artigo 48º da Lei da Bases estabelecia o cumprimento de um claro princípio. Considerava esse parágrafo como essencial, quase "cláusula pétrea" da lei:

"*Na administração e gestão dos estabelecimentos de educação e ensino devem prevalecer critérios de natureza pedagógica e científica sobre critérios de natureza administrativa*".

Mas, cadê o cumprimento da lei?

Antes e depois da publicação da LBSE, numa escola do norte de Portugal, a lei se cumprira. Até então, não havia notícia de que outro "*estabelecimento de educação e ensino*", tivesse celebrado um verdadeiro contrato de autonomia com o ministério. Não tinha conhecimento da existência em outras escolas de uma Direção sem diretor. Nem de um

Conselho de Direção constituído por uma maioria de membros da comunidade, um órgão em que os professores eram minoria.

A generalidade das escolas continuou a ser controlada por diretores sujeitos ao "dever de obediência hierárquica". Mesmo que o diretor não concordasse com as determinações de superiores hierárquicos, ainda que argumentasse com "*critérios de natureza pedagógica e científica*", era obrigado a cumprir ordens baseadas em "*critérios de natureza administrativa*".

A burocracia instalada na chamada "Direção-Geral dos Estabelecimentos Escolares" fazia prevalecer o controle de uma ensinagem assegurada por zelosos funcionários, à margem de qualquer critério de natureza científica. Para a DGEST (a sigla era, mais ou menos, essa) as escolas eram prédios sob remota administração. Naquele tempo, era raro encontrar uma escola, ou um agrupamento de escolas, onde prevalecessem critérios de natureza pedagógica e científica. Prevaleciam outros critérios, as escolas sobreviviam nas estreitas margens de uma autonomia mitigada.

O pioneirismo dos "Românticos Conspiradores"

O Álvaro nasceu "branco quase preto". Aos sete anos, a piedosa senhora a quem servia de criado quis ensinar-lhe o catecismo. Foi assim que o Álvaro aprendeu as primeiras letras. Mas os seus companheiros de infância não lograram ir à escola. Quis a sorte e a herança escravagista que viessem ao mundo pobres e sem condição de estudar.

O moço era esperto, tinha queda para o estudo e era o orgulho da sinhá, que não se cansava de mostrar às amigas as notas obtidas pelo Álvaro: dez em tudo! Porém, se libertara a mente, o corpo não se libertara do restrito território, no interior mais interior do mundo rural. Após muitas tentativas de emancipação, foi rotulado de ingrato e expulso da fazenda. Errou campos e estradas, serviu a outros senhores Como diria o Adoniram no seu "Tiro ao Álvaro", apanhou mais flechada que o mártir Sebastião.

Após alguns anos de via-sacra, amealhou proventos suficientes para estudar à noite. Entrou na universidade, já adulto feito fez-se professor. Muito aprendi com ele!

O Álvaro era um romântico da educação e um conspirador. Não se conformava com o estatuto de menoridade profissional que lhe era imposto. Juntara-se a outros "românticos conspiradores", progredira para a organização de um núcleo de projeto e, por volta de fevereiro de 2021, já se inseria numa turma-piloto. Dizia ser "mais de quebrar do que de torcer". E, criticamente, lamentava desistências de companheiros de jornada:

"A culpa é nossa. Se nos olham como uns coitados, nós agimos como uns coitados".

Não aspirava ao destino dos praticistas, que acreditavam que a pedagogia era apenas arte e uma questão de jeito. Mas também não queria acabar os seus dias anafado e solitário, fechado num gabinete, ao fundo de um corredor de uma universidade, como acontecia aos teóricos que criam ser a pedagogia apenas uma ciência oculta. Muito menos desejava o destino daqueles que, teorizando teorias, que teóricos produziram sobre teorias de outros teóricos, negavam à pedagogia o estatuto de ciência.

O Álvaro ficava perplexo perante a perplexidade de outros professores, que, à míngua de entendimento, o criticavam. Confessava ficar magoado com as flechadas que deles recebia. Dizia estar decepcionado com a sua escola, onde nada se criava e tudo se copiava. Mas não desistia de recriar. E como era maravilhoso aquilo que fazia com as suas crianças, ignorado, como muitos outros professores "diferentes.

O Brasil via surgir e desaparecer excelentes projetos. Os protagonistas de que o Álvaro descendia – Eurípedes, Nilde, Agostinho, Nise, Lauro e tantos outros! – se foram, sem honra nem glória, sem qualquer proveito para a educação e para a nação. Esses projetos raramente foram avaliados. Se o foram, as conclusões dos estudos de caso e de outros trabalhos académicos ainda jazem no fundo de um qualquer arquivo universitário, sem serventia.

As escolas mantinham-se ensimesmadas, rotinadas na ensinagem. Os professores mantinham-se dependentes de estéreis e despropositadas medidas de política educacional, ou ancorados na ilusão da última moda pedagógica.

Escutei este desabafo de uma professora, consumidora compulsiva de compêndios de auto ajuda pedagógica e frequentadora assídua de congressos: "*A gente já pôs os alunos em filas, em círculo, em grupo. Agora, vamos ter de voltar a pô-los em filas? Ou vou vender banana?*"

À semelhança do Álvaro, de tanto levar flechada, a professora "não tinha mais onde furar".

Rubem Alves propunha que a educação fosse romântica. E eu propus que fosse, também… conspiradora. Assim, nasceram, no distante ano de 2004, os “Românticos Conspiradores”. Em 2013, os RC publicaram o “Terceiro Manifesto da Educação”. e deram origem à CONANE – Conferência Nacional de Alternativas para uma Nova Educação.

No mês de novembro de 2005, publiquei um artigo no jornal Folha de São Paulo. A certo passo, escrevia:

“*É preciso afirmar que há, no Brasil, muitos professores que dão sentido às suas vidas, dando sentido à vida das crianças e das escolas. Sinto-me um privilegiado por, após três décadas de trabalho numa escola que ousou provar que a utopia é realizável, encontrar no Brasil tanta generosidade e responsável ousadia*”. Esse artigo foi pretexto para alguns encontros de educadores das escolas “invisíveis”.

O movimento Românticos Conspiradores constituiu-se a partir desse textinho, numa rede colaborativa, formada por pessoas que buscavam a transformação da educação pública. A finalidade era a de promover a comunicação e o apoio mútuo entre pessoas, organizações e projetos, que tivessem por objetivo contribuir para a superação de arcaicos paradigmas educacionais.

O Rubem visitara a Ponte e isto escrevera no seu livro “A Escola Com Que Sempre Sonhei”:

“*Quero uma escola que compreenda como os saberes são gerados e nascem. Uma escola em que o ponto de referência seja o corpo da criança que vive, admira, se encanta, se espanta, pergunta, enfia o dedo, prova com a boca, erra, se machuca, brinca. Uma escola que seja iluminada pelo brilho dos inícios.*”

No tempo em que o amigo Rubem a visitou, a Ponte já era habitada por educadores que não tinham perdido a capacidade de ver o mundo com olhos de inícios e, desse modo, não os fechavam ao imprevisível.

Autónomos, responsáveis e solidários – a sua matriz axiológica –conservavam indelével a alegria da descoberta. Como a alegria que emanava do Nelson.

> Certo dia, desapareceu a merenda de dentro de algumas mochilas. E uma comissão de ajuda se constituiu, para apurar razões e ajudar a resolver o problema. Discretamente, me informaram de que teria sido o Nelson o autor do delito.

Aproveitei uma pausa nos trabalhos do dia e convidei o Nelson para uma conversinha, num cantinho recatado. Abracei-o e nem precisei de lhe dizer o que sabia. Contendo o choro, o Nelson confessou o furto:

Professor Zé, eu tenho fome. A minha mãe não tem que nos dar de comer.

Com um restrito e discreto grupo de professores e vizinhos, cuidamos de que nunca mais a fome açoitasse o estômago da mãe e dos irmãos do Nelson. Mas outros açoites o Nelson recebia.

Chegava pontualmente atrasado à escola. Todos os dias, o professor se sentia tentado e no direito de o interpelar, de lhe perguntar das razões do invariável atraso. Até que, não resistindo à tentação, mas com muito jeitinho, arriscou a pergunta:

Por que chegaste só agora?

O Nelson explicou e o professor ficou a saber que, na noite da véspera e mais uma vez, o pai havia "arreado uma coça na mãe", que ela até tinha ficado "com pisaduras nas pernas e um olho deitado abaixo". No meio da confusão, o Nelson, como o mais velho de três irmãos de diferentes pais, fizera uma retirada estratégica, refugiara-se com o resto da família num tugúrio de zinco e tijolo sem reboco, até passar a refrega.

Explicou e o professor ficou a saber como o Nelson conseguiu, já noite adentro e com o pai ausente no "café de senhor Tião", ajudar a mãe "a ligar a perna e a dar o biberão ao Tiaguinho". E concluiu:

Acordei com muito sono, professor, porque a Carlinha, a minha irmã do meio, não nos deixou dormir. Chorou a noite toda. E, como nós não temos dinheiro para pagar a eletricidade, não temos luz. Tivemos de esperar pela luz do sol.

E por que foi que a Carlinha chorou tanto? – perguntei.

Os ratos roeram-lhe uma orelhinha.

O Nelson apercebeu-se de que eu estava com dificuldades de achar palavras para preencher o silêncio, que então se fez. E acrescentou:

Mas não importa, Professor Zé. A minha vida é muito triste. Mas, quando eu venho para a escola, sinto cá dentro uma coisa... Olhe, parece mesmo alegria!

No decurso do século XX, o Brasil conheceu dois manifestos da educação: o primeiro, de 1932, sufocado pela ditadura Vargas; outro, de 1959, que esteve na origem das "Escolas Experimentais" e dos "Colégios Vocacionais". Já neste século, o Manifesto lançado na primeira CONANE hibernou até chegar 2020 e o tempo da pandemia. Um simples vírus bastou para que o sistema de ensinagem entrasse em crise e o teor do Terceiro Manifesto se materializasse num FAZER tardio, mas a tempo.

Vinte e quatro anos decorridos sobre a publicação de uma Lei de Diretrizes e Bases da Educação Nacional inspirada nos princípios de liberdade e nos ideais de solidariedade humana, a escola da aula engendrara milhões de analfabetos e "evadidos". O desperdício de recursos atestava a ineficácia do sistema de ensinagem e perpetuava desigualdade.

O Brasil dispunha de produção científica, de educadores e de práticas que provavam a possibilidade de uma escola que a todos acolhesse e a cada qual desse condições de realização pessoal e social. Não surpreendeu, pois, que, paralelamente à hecatombe escolar cometida por secretarias e ministérios, comunidades de aprendizagem emergissem do caos como espaços de humanização. Se o poder público não cumpria a lei, o manifesto "*Mudar a Escola, Melhorar a Educação: Transformar um País*" se assumia como instrumento de debate e de efetiva mudança:

"*A você, que ama a educação e concorda que é possível fazer uma educação diferente da que aí está, fazemos um convite: Arregace as mangas e venha desdobrar o Manifesto pela Educação em ações concretas, que beneficiem nossos estudantes, suas famílias e a sociedade brasileira*".

A gênese desse documento – elaborado entre 2010 e 2013 – foi intensamente participada, em particular pelos "Românticos Conspiradores". Centenas de colaborações foram recebidas pela coordenação do projeto, desde o *Google docs* às redes sociais, do e-mail aos fóruns de debates na internet e a reuniões presenciais. Nesse documento, se denunciava e anunciava. Denunciava-se, lembrando algumas estatísticas e realidades encobertas por um tenebroso "sistema" educacional. Anunciava-se, dando visibilidade social a práticas "eficazes e eficientes", desenvolvidas em mais de uma centena de espaços educacionais brasileiros.

O terceiro manifesto da educação brasileira – "*Mudar a Escola, Melhorar a Educação: Transformar um País*" – foi melhorado pela proposta de educadores, que puseram em ato as nobres intenções desse documento. Se os manifestos de 1932 e de 1959 se mantiveram em estado de hibernação, os núcleos de projeto libertaram o terceiro manifesto do seu letárgico estado e foram protagonistas de processos de mudança e inovação.

Os professores da Ponte participaram da elaboração do Terceiro Manifesto da Educação brasileira. O texto era um convite à participação:

"Nós, professores e pesquisadores envolvidos em projetos e ações para uma educação democrática e humanizadora, queremos expressar aqui nossas preocupações em relação ao trabalho dos educadores em face do que vem acontecendo, neste momento, em nosso país, na política, na economia e, principalmente, na saúde e na educação."

A elaboração do documento fora, também, um freiriano gesto de denúncia e anúncio, um ato de coragem:

"Em nome dos valores que compartilhamos em relação à vida, à saúde, à educação, ao ambiente, queremos expressar neste Manifesto nosso profundo desacordo com o que vem acontecendo em nosso país no campo político, econômico, cultural, sanitário e educacional e, ao mesmo tempo, chamar a atenção dos educadores brasileiros sobre os retrocessos atuais, principalmente nas áreas da educação e da escola."

O manifesto denunciava "o desconhecimento por parte das autoridades do governo e dos políticos do Congresso Nacional do Plano Nacional de Educação 2014-2024". Uma avaliação realizada pelo Instituto Nacional de Estudos e Pesquisas Educacionais revelara uma realidade preocupante. O Brasil apenas cumprira uma das vinte metas previstas para serem atingidas, entre 2014 e 2024. As restantes estavam longe de serem alcançadas ou apenas parcialmente tinham sido cumpridas.

A única meta integralmente atingida no Plano Nacional de Educação era aquela que se referia à formação de professores do ensino superior. E dessa nem é bom falar! Teria muito que dizer sobre a deformação que se fazia.

A crise gerada pela pandemia de Covid-19 "tinha as costas largas", fora apontada como possível causa de afetação dos números do plano:

"Em que a pandemia influenciará o próximo período é uma incógnita" – rezava o relatório do Inep – *"Não é resposta simples de se obter, para onde estamos indo."*

Essa ambiguidade não conseguia disfarçar a realidade – estávamos indo para "o fundo do poço", como dissera um ministro. Quando deveriam procurar a sua maioridade educacional na obra de um Milton Santos, ou de uma Maria Nilde, os educadores brasileiros insistiam em importar inovações requentadas, de comprar gato por lebre, desde que o gato fosse estrangeiro.

Preparando o regresso ao futuro da educação anunciado pelo Rubem, pela Nise, pelo Anísio e outros mestres ilustres, os Românticos Conspiradores aprovaram uma "declaração de princípios":

> "*Somos pessoas conscientes de que os modelos educacionais e as práticas educativas possuem decisivas condicionantes socioculturais. Este fato exige que, para a transformação da Educação, tenhamos de ultrapassar seu âmbito restrito, englobando as dimensões sociais, políticas e culturais.*
>
> Temos a convicção de que a educação atualmente praticada não contribui para que as gerações futuras tenham condição de superar os cruciais desafios postos para e pela humanidade. Mais do que isso, essa educação acaba por incentivar a formação de pessoas que tendem a reproduzir o modo de pensar, sentir, agir e viver, que produziram tais desafios. Para que os atuais paradigmas educacionais possam ser superados, é necessário estabelecer novas concepções, que apontem formas alternativas de pensar, estruturar e praticar a educação."

A carta de princípios dos RC fundamentaria a vital transformação da Educação, para que ela pudesse corresponder às necessidades das pessoas e da sociedade contemporânea. O primeiro dos princípios – "Educar-se para a Integralidade" – assim era definido:

> "*A educação deve contemplar a humanidade dos educadores e educandos em sua totalidade, sendo coerente com a indivisibilidade das dimensões biológica, mental e espiritual de cada pessoa. Como cada ser humano possui diferentes limites, possui também potencialidades que poderão ser desenvolvidas e expressas a partir das formações e*

transformações, que ocorrem durante toda a vida. Para isso a educação deve ser um processo intencional, contínuo e transformador, integral, e que repercuta durante toda a vida."

Entre 2005 e 2020, os RC se encontravam nos denominados "Encontros Nacionais de Românticos Conspiradores" (ENARC). Coerentes com o princípio enunciado, partilhavam práticas de chão de escola, anunciadoras de educação integral. Aprendiam a conviver na multidimensionalidade do ser. Na prática e conspirando, *a*nteciparam em mais de dez anos o debate em torno da Base Nacional Curricular Comum. E, depois da aprovação desse espúrio documento, a conspiração virou projeto.

Reverencio a memória daqueles educadores que, num presente sombrio, construíram um luminoso futuro:

> "Romântico Conspirador é um modo de pensar, sentir e viver princípios humanos na Educação. Entender que aprender é uma condição de todo ser vivo e não apenas um direito. Que é para a vida toda e não só um período de escolaridade e que os espaços de aprendizagem não se resumem ao espaço escolar.
>
> Quando encontramos gente que pensa e age de modo similar, sentimo-nos abraçados e acolhidos e não estamos mais sós. Foi assim que iniciamos a Rede Românticos Conspiradores. Desse modo, se anunciava a realização do Nono Encontro Nacional dos Românticos Conspiradores.
>
> No "Dia do Professor", recebemos uma mensagem da nossa amiga Regina:
>
> "Realmente, não vejo como desejar feliz dia do professor, quer ele seja um Romântico, quer não. Meu natural otimismo está a cada dia mais e mais ofuscado por essa realidade que você bem descreve e a luz no fim do túnel está distante.
>
> Mesmo assim, romanticamente, não há que desistir. Porque educação não é para hoje, nem para amanhã. É para as futuras gerações. Nossa atuação é, sim, hoje, para que aqueles que educarmos construam seu próprio futuro. E que seja para a integralidade, na democracia, com dignidade, em solidariedade, na diversidade,

na realidade, assim como definimos em nossa Carta de Princípios, em 2008.

No cenário brasileiro atual, sinto que a atuação romântica pode sim, ser uma atuação local na intenção de provocar o máximo de professores, estudantes e familiares (além de outros atores da comunidade), para a prática desses princípios no hoje, entendendo que servirão de fundamento muito bem enraizado para a transformação do Brasil.

Pensar localmente, no tamanho das próprias pernas, é que me mantém romântica. Pensar localmente, na beleza e na riqueza (sob vários aspectos) deste país é que me mantém romântica.

Realmente, creio que 99% dos brasileiros merecem meu esforço. Se não me sentisse assim, talvez já tivesse desistido. Como disse Darcy, temos que nos alegrar por não estarmos ao lado do 1% de brasileiros, que se consideram "vencedores".

Então, "vambora" continuar. Nós já temos esse poder. Nós somos Românticos Conspiradores. Não estamos sozinhos, só estamos espalhados por esse Brasilzão."

A primeira "Conferência Nacional de Alternativas para Uma Nova Educação" – CONANE aconteceu em Brasília, decorria o mês de novembro de 2013. Convirá recordar este fato, para mostrar que, paralelamente ao desvario da política oficial, os professores se movimentavam, refletiam, agiam em prol de uma nova e melhor educação:

"Em 2013, sonhamos uma nova educação. Queríamos saber quem sonhava conosco uma educação assim e descobrimos 450 educadores trilhando o mesmo caminho."

Nesse encontro, foram apresentadas práticas com potencial inovador e o momento alto foi o lançamento do Terceiro Manifesto pela Educação. O Ministério da Educação fez-se representar na Conferência e o documento foi-lhe oficialmente entregue. Idênticas cerimônias ocorreram em dezenas de prefeituras e secretarias de educação. E, em 2015, no CEU Heliópolis, 650 educadores de todo Brasil e países da América Latina se juntaram. Sucederam-se encontros regionais e surgiu a ANE universitária.

Em sete anos, até à chegada da pandemia, três conferências foram realizadas. A CONANE era *um território de diálogos*. Construía pensamento crítico, *alargava a compreensão da amorosidade freiriana, do bem como princípio, da generosidade como ação, da aprendizagem como objetivo maior, a mudança social.*

Em meados de maio de 2020, o meu amigo César afirmava numa entrevista que a escola tradicionalista fora aniquilada com a pandemia. Que a sociedade já não era a mesma e isso implicava operar mudanças profundas na educação. A crise causada pelo coronavírus colocava em xeque a escola assistencialista e a escola meritocrática, pensada para treinar para o vestibular. E o César acrescentava:

"*A escola que deve nascer destas cinzas tem que ser crítica, sustentável, um lugar de formação humana plena*".

A sua declaração assemelhava-se a um epitáfio. E quem se encarregou de fazer o "funeral da velha escola?

Uma nova construção social de aprendizagem viria refundar a Educação. E ela se inspirava numa "Carta de Princípios" e "Acordos de Convivência", documentos organizadores do trabalho do RC. A Carta de Princípios deveria ser completada com a definição do "perfil do aluno" (melhor dizendo: sujeito de aprendizagem) e do educador da equipe de projeto. O levantamento de valores predominantes na comunidade de contexto e um inventário de necessidades da população completaria esta fase do processo formativo.

Em 2020, os Românticos Conspiradores já não eram 450, eram milhares. Os núcleos de projeto estimulavam a reflexão, promoviam harmonia, cooperação. Quando deparavam com conflitos de interesses ou abusos de poder, agiam no sentido do cumprimento dos projetos, propondo o diálogo. Nesse espírito, círculos de vizinhança se constituíam. Comunidades se organizavam em redes. Uma nova educação emergia das cinzas da velha escola.

Para refundar um sedimentado e nefasto sistema, urgia mudar regras. Para que, efetiva e finalmente, acontecesse mudança, inovação, os novos rumos seriam definidos segundo uma matriz axiológica humanizadora. E a "Carta de Princípios de Acção" foi atualizada:

"O movimento *Românticos Conspiradores* constitui-se de uma rede colaborativa formada por pessoas que militam pela transformação da *Educação Pública. E a educação pública* é por nós entendida como aquela voltada para a população em geral e que a todos dê garantias de acesso, sucesso e realização pessoal e social, seja ela de caráter estatal ou privado.

Nossa finalidade inicial é a de promover a comunicação e o apoio mútuo entre pessoas, organizações e projetos que tenham por objetivo contribuir para a superação dos arcaicos paradigmas educacionais vigentes. E a Carta de Princípios começava assim:

EDUCAR PARA A INTEGRALIDADE – A educação deve contemplar a humanidade dos educadores e educandos em sua totalidade, sendo coerente com a indivisibilidade das dimensões biológica, mental e espiritual de cada pessoa.

EDUCAR EM SOLIDARIEDADE – A educação é um processo relacional, possuindo um caráter social que deve ser assumido nas práticas educativas. A solidariedade, mais do que um objetivo ético a ser atingido, é uma condição primordial para a realização do trabalho educativo. Portanto, este só se desenvolverá plenamente se considerar e incluir as diversas relações entre todos os atores envolvidos: educandos, educadores, gestores, famílias e comunidades. No caso da escola, é indispensável que abra suas portas à comunidade, a fim de constituir-se em *polo integrador e irradiador* do saber e do esforço social pela educação, também cabe a escola incentivar a integração dos agentes e espaços comunitários a esse mesmo esforço.

EDUCAR NA DIVERSIDADE – A educação deve contemplar a originalidade e a criatividade das pessoas, valorizando a diversidade humana em todos os seus aspetos: físicos, psicológicos, culturais, etc. As práticas educativas devem ser coerentes com o fato de que as pessoas aprendem melhor segundo seus interesses e motivações, em diferentes ritmos e de diferentes formas.

A noção de *educação na diversidade*, associada aos conceitos de *integralidade* e *solidariedade*, permite o reconhecimento tanto de nossas *singularidades* quanto das nossas *igualdades*, resultantes de nossas condições humanas e socioculturais. As diferenças, nesse contexto, devem ser consideradas como algo inerente ao ser humano, rompendo-se a lógica binária que nos fragmenta em "iguais" de um lado e "diferentes" de outro.

EDUCAR NA REALIDADE – A educação deve servir para a melhora objetiva da realidade na qual ela ocorre, contribuindo para o chamado *desenvolvimento local*. Para tanto, ela deve ser contextualizada, integrada à vida dos educandos e de suas comunidades, aberta para a troca de experiências e conhecimentos.

EDUCAR NA DEMOCRACIA – A educação que prepara para a democracia deve dar-se através de práticas não-autoritárias, que permitam a ampla participação de educandos, dos educadores, das famílias e da comunidade. Só é possível uma educação "para" a ação cidadã se a educação for "pela" e "na" ação cidadã. As práticas educativas promotoras da liberdade, autonomia, respeito, responsabilidade, equidade e solidariedade devem estar associadas aos princípios anteriores para permitir que atinjamos o objetivo maior da autorresponsabilização social.

A autorresponsabilização social refere-se à conscientização de que os contextos sociais são responsabilidade de todos e de cada um, visando que as pessoas e comunidades tenham condição de se apropriar das suas realidades e transformá-las.

A este propósito, valerá a pena redefinir conceitos como os de educação democrática, não coercitiva, educomunicação.

EDUCAR COM DIGNIDADE – A dignidade específica do ofício do educador é derivada da dignidade reconhecida na pessoa do educando. O educador deve ser cônscio do seu importante papel como agente social, assumindo sua missão como tutor dos educandos e facilitador de suas aprendizagens, entendendo que a educação

> deve ser solidária e coletiva e a aprendizagem um processo de dupla-via – entre o educador-aprendente e educando-ensinante.
>
> O tão almejado resgate da autoridade e a revalorização social e profissional do educador passam, necessariamente, pela reformulação das formações iniciais, pela reflexão e atualização permanente das práticas educativas e, principalmente, pela constante busca da coerência entre o fazer pedagógico e as necessidades educacionais dos educandos, suas comunidades e das sociedades em geral."

Os RC eram exemplos de coerência, generosidade e amor pela infância. Afirmavam que "assim como cada ser humano possui diferentes limites, possui também diversas potencialidades que poderão, ou não, ser desenvolvidas e expressas a partir das formações e transformações que ocorrem durante toda a vida. Antecipavam aquilo que viria ser entretenimento de teóricos ociosos, como: transdisciplinaridade e educação integral. E o faziam numa práxis consistente:

> "A *educação integral* é vista aqui como aquela que considera as diversas dimensões da experiência humana: sensorial, cognitiva, emocional, moral, ética, política, cultural, estética, artística etc."

Posfácio

As palavras de Mia Couto me impeliam ao agir imediato

"A infância não é um tempo, não é uma idade, uma coleção de memórias. A infância é quando ainda não é demasiado tarde."

A urgência se impunha. Acato o conselho do amigo Nóvoa de abrir o olhar à necessidade de "abandonar uma atitude defensiva, excessivamente prudente e auto-justificativa". Continuam sólidas as minhas convicções, num tempo de confucianamente nos livramos de dúvidas e entendermos a mensagem do "Decreto do Céu". Ao chegar aos setenta, nestas puras manhãs de vinte e quatro, a Vida me ensina a ser designer de um ser humano futuro-presente, que se revê num aprendiz de utopias

Ao longo de mais de meio século, acompanhando o desenvolvimento de centenas de projetos autonomia, concluí ser a autonomia condição sine qua non de desenvolvimento de projetos, no seio de um sistema de aprendizagem. Não era um conceito que pudesse ser abordado isoladamente. Muito menos se definia em referência a um oposto, mas na contraditória complementaridade com a dependência, no quadro de uma relação social aberta. E nisso se distinguia do conceito "singularidade".

O conceito de singularidade situa-se aquém do conceito de autonomia. O reconhecimento da singularidade consiste na aceitação das diferenças interindividuais dentro de cada espécie. O reconhecimento da autonomia é de outra natureza. Implica a rejeição de um determinismo, que transfere a origem da singularidade para o domínio do acaso. Implica conceber a existência de processos de auto-organização, que geram as suas próprias determinações.

Nesta asserção, autonomia será o primeiro elemento de compreensão do significado de "sujeito" como complexo individual. A componente egocêntrica deste complexo é englobada numa subjetividade comunitária mais alargada.

O sujeito (aluno, ou professor) não se movimenta entre os dois polos. O sujeito é a convergência dos dois polos, em situação. O modo como o sujeito interpela a situação e as características do contexto estabelecem o ponto de convergência. O indivíduo é, portanto, uma mistura sempre provisória de autonomia e heteronomia.

A "autonomia alimenta-se de dependência" – dizia-nos Morin:

"Dependemos de uma educação, de uma linguagem, de uma cultura, de uma sociedade, dependemos bem entendido, de um cérebro, ele próprio produto de um programa genético e dependemos também dos nossos genes".

Voluntariamente exilado no Sul, quando me emancipei do etnocentrismo europeu de que padecia, fui viver entre povos originários, em quilombos e favelas, enveredando por um processo de descolonização mental, que me permitiu ajudar a desenvolver projetos como o da Escola do Projeto Âncora. A melhor Educação estava no Sul. E pelo Sul me deixei ficar, para aprender.

No Brasil, a ausência de autonomia precipitara o sucateamento da escola pública e provocara a sua desintegração. Nas palavras de Anísio Teixeira:

> "Essa desintegração se completa com a supressão da autonomia quanto ao ensino, sua seriação, métodos e exames. Levada a ordenação externa da escola até esse ponto, é evidente que nada restará senão o automatismo de diretores e mestres, a executar o que não planejaram, nem pensaram, nem estudaram, como se estivessem no mais mecânico dos serviços.
>
> Ora, mais não será preciso dizer para explicar a pobreza, a estagnação, a total ausência de pedagogia, que vai pelas nossas escolas. De todas as instituições, nenhuma precisa de maior autonomia e liberdade de ação do que a escola. Cumpre dar a cada estabelecimento o máximo de autonomia possível e essa regra é a grande regra de ouro da educação.
>
> As escolas só voltarão a ser vivas, progressivas, conscientes e humanas, quando se libertarem, assumindo todas as responsabilidades."

Eis o que Anísio pensava da administração e gestão das escolas. Sábias e atuais considerações, escritas há quase um século.

Desde então, o discurso sobre autonomia apenas logrou enfeitar normativos. Abundava no texto dos projetos, mas estava arredada das práticas efetivas das escolas. Isso mesmo: muitas escolas não cumpriam os seus projetos escritos, por não serem autônomas.

O "sistema" mantinha-se cativo de funcionários legalistas que, à tralha normativa herdada das ditaduras, foram acrescentando despachos, resoluções e outros documentos caraterísticos de uma gestão burocratizada. Se muitas dessas normas fossem analisadas à luz das ciências da educação, concluir-se-ia serem ilegais.

Mas, como é característico do terceiro tempo da modernidade, emergiam nesse contexto de "renúncia á interpretação", movimentos de resistência. Professores assumiam o seu compromisso ético com a Educação, reivindicavam a dignidade do exercício de autonomia profissional, propondo a celebração de verdadeiros contratos e termos de autonomia.

Talvez os critérios de natureza científica e pedagógica passassem, finalmente, a prevalecer nas decisões de política educacional. Talvez os projetos escritos pudessem ser postos em prática. Refiro-me a uma autonomia de duplo significado: a do indivíduo e a do indivíduo em grupo – nunca separadas! De outro modo, o exercício de autonomia conduzir-nos-ia ao absurdo do ideal de autossuficiência caraterístico das sociedades modernas, numa arrogância autónoma que seria a negação da aprendizagem da autonomia e da aprendizagem com os outros.

Há mais de meio século, partimos para a reinvenção da Escola. Escrevi "partimos", porque, como sabeis, um projeto educacional é um ato coletivo. Na Ponte não partimos de problemas, mas daquilo que nós éramos, para aquilo que queríamos ser, porque nós éramos... o problema.

Bem cedo compreendemos que, se reelaborássemos a nossa cultura pessoal e profissional, também estaria em nós a solução, porque um professor não ensina aquilo que diz; transmite aquilo que é. Para sabermos o que éramos, realizamos um exercício simples: escrevemos num papel os dez valores que orientavam as nossas vidas.

Três valores surgiram em todos os papéis: liberdade, solidariedade, responsabilidade. Porém, quando quisemos operacionalizar o valor "liberdade", deparámo-nos com um obstáculo: não existe uma ciência da liberdade. Ela poderia ser ensinada, mas esse ensino não passaria por uma didática específica, mas por uma gramática que explicitasse transformações.

O conceito que encontramos desenvolvido em termos, mais ou menos, teóricos foi o de autonomia, conceito de vasto espectro semântico e com muitos apêndices: autoestima, autoconfiança, autocontrole, autodisciplina... E, desde o início do projeto "Fazer a Ponte", prevaleceu uma matriz axiológica bem definida. Tudo aquilo que fizemos (ou optamos por não fazer) decorreu de valores.

Não se pense que tais valores foram mero ornamento de um projeto educativo. Eles foram levados às últimas consequências nas mudanças, que, gradual e responsavelmente, introduzimos nas práticas, até à celebração do primeiro contrato de autonomia de que há memória no mundo da educação.

A autonomia exprime-se como produto da relação. Não existe autonomia no isolamento, mas relação EU-TU, no sentido que Buber lhe outorga. É, essencialmente, com os pais e os professores que a criança encontra os limites de um controlo que lhe permite progredir numa autonomia, que é liberdade de experiência e de expressão, dentro de um sistema de relações e de trocas sociais. Conclusão: a autonomia convive com a solidariedade.

Um projeto humano é resultado do labor de um coletivo. Certo dia, acolhemos na Ponte mais um jovem jogado fora de outra escola. Na primeira ida ao banheiro, o jovem urinou no cesto dos papéis. Na reunião da Assembleia de Escola, um aluno pediu a palavra e disse:

> "Eu faço parte da Responsabilidade do Recreio Bom, que também cuida dos banheiros. Quero dizer-vos que, nesta semana, um de nós urinou no cesto dos papéis. E quero pedir a ajuda de todos, para ajudarmos um de nós a não voltar a fazer isso."

Sendo "um de nós", tentei fugir, tanto quanto possível, ao uso de jargão "científico". Hesitei na utilização de referências mais ou menos teóricas, porque tudo o que registei me sugeriu retornos, coisa pouca, nada de novo. Escrevi como quem conta uma estória.

Anexo

Quando encetavamos um qualquer processo formativo, a primeira medida que tomavamos era a entrega à administração educacional de minutas de "termos de autonomia" (contratos de autonomia, em Portugal). A autonomia seria condição sine qua non da continuidade dos projetos.

Se o "sistema" impunha regras do jogo viciadas, reinventámos as regras, em coerência com a lei e com os dados de uma ciência prudente.

CONTRATO DE AUTONOMIA

Fundamentos

1- Desde 1976 que o Projecto Fazer a Ponte vem sendo desenvolvido numa lógica de progressiva autonomia, antecipando por um lado inovações curriculares e pedagógicas que a administração educativa acaba, mais tarde, por acolher e, em parte, tentar generalizar ao todo nacional (de que é um bom exemplo, entre outros, o Decreto-Lei nº6/2001, de 18 de Janeiro, que aprovou a Reorganização Curricular do Ensino Básico) e dando origem, por outro, a um modelo de organização de escola que, em muitos aspectos, diverge do modelo prevalecente de escola pública estatal.

Apesar do reconhecimento público, expresso das mais variadas formas ao longo de mais de um quarto de século, da qualidade do Projecto e da coerência das práticas que dele decorrem, nunca a administração educativa procurou, até hoje, estabilizar a situação da Escola, reconhecendo-lhe formalmente um estatuto que delimitasse as fronteiras da autonomia que reivindica e, na prática, vem assumindo, que, em diversos aspectos, estão muito para além das que o próprio Decreto-Lei nº 115-A/98 consagra. O reconhecimento desse estatuto teria de implicar, como condição prévia, a realização de uma avaliação externa do Projecto, que claramente habilitasse a administração a formular um juízo sobre a pertinência de celebração com a Escola de um contrato de autonomia que respeitasse, acolhesse e até aprofundasse a autonomia não outorgada que, na prática, a Escola há muito vem defendendo, assumindo e desenvolvendo.

Realizada, em 2003, a Avaliação Externa do Projecto Fazer a Ponte e conhecidas e sufragadas superiormente as conclusões e recomendações formuladas pela Comissão de Avaliação, que, de uma forma irrefragável, enalteceram a especificidade, a coerência e a sustentabilidade das práticas educativas e de organização pedagógica da Escola, já não há razões para protelar por mais tempo a celebração do contrato de autonomia entre a Escola e a Administração Educativa.

O objecto do contrato deverá reflectir o entendimento de que a autonomia a outorgar agora à Escola não poderá significar um retrocesso em relação à autonomia que, durante 27 anos, a Administração Educativa, na prática, tolerou, com resultados que a Avaliação Externa do Projecto veio inequivocamente avalizar.

2. A Comissão de Avaliação Externa, no Relatório final datado de 20 de Junho de 2003 que apresentou à Senhora Secretária de Estado da Educação, destacou os seguintes pontos "fortes" e "fracos" da organização e desempenho da Escola:

Pontos fortes

A filosofia subjacente ao Projecto "Fazer a Ponte", caracterizada por princípios de desenvolvimento da autonomia e da cooperação entre os alunos, com a finalidade de educar para e na cidadania e de efectivo envolvimento de todos os intervenientes na acção educativa (pais, professores e alunos);

- A realização de uma integração curricular, desenvolvida de acordo com os princípios de um ensino e uma aprendizagem cooperativos;

– A existência de um conjunto de docentes altamente motivados e empenhados no processo de acompanhamento dos alunos na respectiva aprendizagem;

– A presença de um acentuado espírito de corpo e de identificação com o Projecto por parte de docentes e alunos;

– A preocupação da Escola em constituir-se como escola inclusiva, em termos sociais, culturais e de intervenção junto de alunos com necessidades educativas especiais;

– A diversidade de modos de actividade (trabalho individual, em pequeno grupo, participação em actividades colectivas, ensino mútuo e ensino directo) pedagógica;

– A adequada articulação entre objectivos e actividades correspondentes às diversas áreas curriculares;

– A ligação entre a escola e a família, implicando a participação activa desta na aprendizagem dos alunos;

– A qualidade dos materiais de aprendizagem, nomeadamente do equipamento informático (hardware e software).

Pontos fracos

– O número excessivo de alunos para a dimensão das instalações;

– A inadequação e insuficiência das instalações, principalmente a ausência de um ginásio e de laboratórios para permitir um ensino experimental;

– A ausência de um Serviço de Psicologia e de Orientação, para intervir em situações de apoio a crianças com necessidades educativas especiais ou com problemas de natureza emocional.

Com a celebração do presente Contrato, pretende-se naturalmente criar condições que favoreçam a manutenção e o progressivo reforço dos "pontos fortes" enunciados e a indispensável superação dos "pontos fracos".

3- Para além dos "pontos fortes" do Projecto sublinhados pela Comissão que procedeu à Avaliação Externa, é importante ainda realçar que na Escola da Ponte:

– Os pais/encarregados de educação estão fortemente implicados na direcção da Escola e nos processos de aprendizagem dos alunos;

– Os docentes/orientadores educativos cumprem efectivamente na Escola o horário semanal de 35 horas, a que se encontram legalmente obrigados;

– Nenhum docente/orientador educativo está dispensado da componente lectiva ou beneficia, seja por que razão for (idade, tempo de serviço, desempenho de cargos de coordenação pedagógica ou outra), da redução da mesma;

– Todos os alunos cumprem o mesmo horário entre as 8:30 e as 16:00 horas e estão sempre utilmente ocupados na Escola, enquanto decorrem as actividades curriculares propriamente ditas, não havendo "horas mortas", nem "furos", designadamente, por ausência de professores;

– A Escola oferece actividades de enriquecimento do currículo, proporcionando às famílias mais carenciadas e que o desejem um acompanhamento pedagógico efectivo dos educandos até, pelo menos, às 18:00 horas;

– Os tutores acompanham, orientam e avaliam diariamente a actividade, o trabalho realizado e o percurso de aprendizagem dos seus tutorados;

– Os alunos estão fortemente implicados na gestão da própria Escola, através de um conjunto de responsabilidades que partilham com os orientadores educativos.

4- Provada, ao fim de 28 anos, a capacidade da Escola para agir, responsavelmente, em autonomia no quadro do seu Projecto Educativo, em claro benefício dos alunos e das suas famílias, incumbe agora à Administração Educativa reconhecer a especificidade e recompensar o mérito, facultando à Escola um conjunto de instrumentos e garantias que lhe permitam tirar pleno proveito das potencialidades de um Projecto e de um modelo organizacional que já se encontram suficientemente enraizados, testados e consolidados e que há muito, de resto, constituem um exemplo inspirador para muitas outras escolas, no país e no estrangeiro.

Nestes termos, ao abrigo do Decreto-lei nº115-A/99, de 4 de Maio e demais legislação aplicável, o Ministério da Educação, a Câmara Municipal de Santo Tirso, a Junta de Freguesia de Vila das Aves e a Escola da Ponte celebram e acordam entre si o presente Contrato de Autonomia, que se regerá pelas cláusulas seguintes.

Cláusula Primeira
OBJECTIVOS

São objectivos do presente Contrato:

1- Criar as condições que assegurem a estabilização e o desenvolvimento do Projecto Fazer a Ponte;

2- Garantir, de uma forma coerente e sustentada, uma progressiva qualificação das aprendizagens e do percurso educativo dos alunos;

3- Validar um modelo organizacional alternativo de escola pública estatal, nos termos do Regulamento Interno da Escola, em que os pais/encarregados de educação possam ver reconhecida e valorizada a sua participação;

4- Instituir mecanismos de acompanhamento e monitorização do Projecto.

Cláusula Segunda
VIGÊNCIA, ALTERAÇÃO E PRORROGAÇÃO DO CONTRATO

1- O presente contrato manter-se-á em vigor durante os anos lectivos de 2004/2005, 2005/2006 e 2006/2007.

2- O presente contrato poderá ser revisto e alterado a todo o tempo, por iniciativa de qualquer de uma das partes, desde que as alterações propostas mereçam a aprovação dos demais outorgantes.

3- No ano lectivo lectivo de 2006/2007, durante o mês de Março, a Escola comunicará formalmente aos demais outorgantes se está interessada na prorrogação do presente Contrato e em que termos, anexando para o efeito a competente proposta, em cartas registadas com aviso de recepção dirigidas ao Director Regional de Educação do Norte, ao Presidente da Câmara Municipal de Santo Tirso e ao Presidente da Junta de Freguesia de Vila das Aves.

4- Nos sessenta dias subsequentes ao recebimento da comunicação e proposta referidas no número anterior, as demais partes outorgantes apreciarão a proposta e comunicarão formalmente à Escola os resultados dessa apreciação, estabelecendo imediatamente, sendo o caso, os contactos necessários com vista à celebração de um novo Contrato de Autonomia.

5- Até à celebração de um novo Contrato, manter-se-á em vigor o presente, com as alterações que entretanto lhe tenham sido introduzidas nos termos do nº2.

Cláusula Terceira
COMPETÊNCIAS RECONHECIDAS À ESCOLA

Pelo presente contrato, o Ministério da Educação e a Câmara Municipal de Santo Tirso, na esfera das respectivas atribuições, reconhecem à Escola competências para:

1- Coordenar e gerir a implementação dos planos curriculares e programas definidos a nível nacional, mediante a selecção de modelos pedagógicos, métodos de ensino e de avaliação e materiais de ensino-aprendizagem coerentes com o Projecto Fazer a Ponte e adequados à variedade dos interesses e capacidades dos alunos;

2- Organizar actividades de enriquecimento do currículo e de ocupação de tempos livres, de acordo com os interesses dos alunos e os recursos da escola;

3- Planificar e gerir formas de diversificação curricular, visando a progressiva qualificação do percurso formativo dos alunos e tendo em conta os Princípios Fundadores do Projecto Fazer a Ponte;

4- Estabelecer protocolos com entidades exteriores à escola para a concretização de componentes curriculares específicas, designadamente as de carácter vocacional ou profissionalizante;

5- Conceber e implementar experiências e inovações pedagógicas próprias, de acordo com o seu Projecto Educativo.

6- Desenvolver métodos específicos e pertinentes de avaliação dos alunos, de acordo com o seu Projecto Educativo;

7- Desenvolver mecanismos que permitam detectar a tempo dificuldades de base, diferentes ritmos de aprendizagem ou outras necessidades dos alunos que exijam formas de apoio adequadas nos domínios psicológico e sócio-educativo;

8- Organizar e gerir modalidades de apoio sócio-educativo em resposta a necessidades identificadas que afectem o sucesso escolar dos alunos;

9- Promover a organização e o funcionamento da Escola nos termos do Regulamento Interno;

10- Definir critérios e regras de utilização dos espaços e instalações escolares;

11- Planificar a utilização quinzenal dos espaços, tendo em conta as actividades curriculares, de enriquecimento do currículo e de ocupação de tempos livres, bem como o trabalho das equipas educativas dos núcleos de projecto e dimensões curriculares, e as actividades que envolvam a participação ou intervenção dos encarregados de educação e da respectiva Associação;

12- Autorizar, mediante condições definidas pela escola, a utilização de espaços e instalações escolares pela comunidade local;

13- Estabelecer o calendário escolar, dentro dos limites de flexibilidade fixados a nível nacional;

14- Determinar o horário e regime de funcionamento da escola;

15- Definir critérios para a elaboração dos horários e assiduidade dos orientadores educativos e demais trabalhadores e conceder-lhes dispensa total ou parcial de serviço para participação em acções de intercâmbio e divulgação do Projecto;

16- Decidir quanto à necessidade da interrupção das actividades lectivas para a realização de reuniões ou acções de formação que não possam decorrer em horário pós-lectivo;

17- Estabelecer e organizar os tempos escolares destinados a actividades de enriquecimento curricular, de complemento pedagógico e de ocupação dos tempos livres.

18- Inventariar carências respeitantes à formação dos professores no plano das componentes científica e pedagógico-didáctica;

19- Elaborar o plano de formação e actualização dos docentes;

20- Mobilizar os recursos necessários à formação dos seus profissionais de educação, através do intercâmbio com outras escolas e da colaboração com entidades ou instituições competentes, nomeadamente, centros de formação contínua, escolas superiores de educação e universidades;

21- Seleccionar e recrutar o pessoal docente e não docente, nos termos do presente contrato;

22- Avaliar o desempenho e o serviço docente nos termos da lei, do Projecto Educativo e do Regulamento Interno;

23- Estabelecer o período de férias do pessoal docente e não docente;

24- Organizar o serviço de matrículas;

25- Definir os critérios para a admissão dos alunos;

26- Autorizar a transferência e anulação de matrículas;

27- Conceder equivalências de estudos nacionais ou realizados no estrangeiro, desde que verificado o preenchimento dos requisitos legais;

28- Inventariar as suas necessidades quanto ao número e qualificação do pessoal docente e não docente;

29- Definir critérios de distribuição de serviço ao pessoal não docente;

30- Estabelecer critérios para a selecção de pessoal a contratar a prazo, incluindo casos de substituição temporária, e proceder à sua contratação;

31- Proceder à classificação de serviço;

32- Organizar mapas de férias e conceder licença para férias;

33- Promover a formação do pessoal não docente, estabelecendo protocolos com diferentes entidades e instituições para esse efeito, e conceder a dispensa total ou parcial de serviço para a frequência de acções de formação;

34- Inventariar as carências e os recursos necessários no domínio do apoio sócio-educativo aos alunos, articulando o respectivo plano de acção com os serviços competentes;

35- Proceder à contratação de serviços de entidades exteriores à escola para efeitos de exploração, organização e funcionamento dos serviços de bufete, cantina e papelaria e a realização de tarefas de limpeza e de assistência à manutenção do equipamento informático;

36- Mobilizar recursos locais e suscitar a solidariedade da comunidade para acções de apoio sócio-educativo e outras, no interesse dos alunos;

37- Participar na definição da rede escolar, fornecendo anualmente à Administração Educativa os dados necessários, nomeadamente alterações de capacidade em relação ao ano anterior;

38- Proceder a obras de beneficiação de pequeno e médio alcance, reparações e trabalhos de embelezamento, com a eventual participação das entidades representativas da comunidade;

39- Acompanhar a realização e colaborar na fiscalização de empreitadas;

40- Emitir pareceres antes da recepção provisória das instalações;

41- Solicitar o equipamento necessário;

42- Adquirir o material escolar necessário;

43- Proceder à substituição de material irrecuperável ou obsoleto;

44- Alienar, em condições especiais e de acordo com a lei, bens que se tornem desnecessários;

45- Manter actualizado, em moldes simples e funcionais, o inventário da escola;

46- Responsabilizar os utentes, a nível individual e ou colectivo, pela conservação de instalações e de material utilizado;

47- Ceder as suas instalações, a título gratuito ou oneroso, à comunidade para a realização de actividades culturais, desportivas, cívicas, ou de reconhecida necessidade, arrecadando a respectiva receita, quando a houver.

Cláusula Quarta
Compromisso Educativo da Escola

1. Pelo presente contrato, a Escola da Ponte compromete-se a exercer as competências que lhe são outorgadas no respeito dos seguintes princípios:

a) Prevalência dos interesses dos alunos sobre os interesses dos demais intervenientes no processo de ensino;

b) Estreito envolvimento dos encarregados de educação nos processos de tomada de decisões com impacto estratégico na organização da Escola e dos processos de aprendizagem;

c) Promoção da autonomia e da consciência cívica dos alunos e, nos termos do Regulamento Interno, progressivo envolvimento dos mesmos nas tarefas e responsabilidades de gestão das instalações e dos recursos afectos à Escola;

d) Democraticidade, transparência e racionalidade das decisões pedagógicas e dos actos de administração e gestão, no respeito da lei, do Projecto Educativo e do Regulamento Interno da Escola.

2. No exercício das competências que, pelo presente Contrato, lhe são outorgadas, a Escola da Ponte compromete-se a:

a) Cumprir e fazer cumprir os princípios e as disposições constantes do presente Contrato de Autonomia;

b) Oferecer e desenvolver o seu Projecto Educativo, adequando-o às necessidades concretas de aprendizagem e formação de cada criança e adolescente e tendo em conta as legítimas expectativas dos respectivos encarregados de educação;

c) Organizar-se nos termos do respectivo Regulamento Interno;

d) Envolver os pais/encarregados de educação no acompanhamento, o mais estreito possível, do percurso formativo dos seus educandos, através, nomeadamente, da valorização das funções de tutoria e do estabelecimento de mecanismos que facilitem o contacto e o diálogo dos encarregados de educação com os tutores;

e) Manter com os demais outorgantes um relacionamento institucional directo, colaborante e leal, no quadro da delimitação de competências decorrente da lei e do presente Contrato;

f) Manter com as entidades representativas do meio social envolvente um diálogo e colaboração permanentes, que permitam à Escola, por um lado, mobilizar recursos acrescidos para a realização das suas actividades e, por outro, reforçar os mecanismos de integração do Projecto na comunidade;

g) Facultar aos interessados a máxima informação possível sobre o Projecto, quer através de visitas guiadas à Escola, nos termos do respectivo Regulamento, quer através da participação em eventos educacionais para que seja convidada.

Cláusula Quinta
Obrigações dos demais Outorgantes

Pelo presente contrato, o Ministério da Educação, a Câmara Municipal de Santo Tirso e a Junta de Freguesia de Vila das Aves, no âmbito das respectivas atribuições e competências, comprometem-se a:

a) Tomar todas as decisões e medidas indispensáveis à viabilização e concretização do presente Contrato de Autonomia;

b) Aprovar a alteração da designação da Escola Básica Integrada de Aves/S.Tomé de Negrelos para Escola da Ponte, nos termos do respectivo Regulamento Interno;

c) Manter com a Escola da Ponte um relacionamento institucional directo, colaborante e leal, no quadro da delimitação de competências decorrente da lei e do presente Contrato;

d) Participar na Comissão de Acompanhamento prevista na cláusula décima primeira do presente Contrato.

Cláusula Sexta
Recursos humanos

Pelo presente contrato, o Ministério da Educação obriga-se a disponibilizar à Escola Básica Integrada de Aves/S.Tomé de Negrelos (Escola da Ponte) os recursos humanos indispensáveis à concretização do seu Projecto Educativo e Regulamento Interno, de acordo com os seguintes princípios:

1- Caberá à Escola a selecção e recrutamento de todos os seus profissionais, incluindo os orientadores educativos e o Gestor, na observância da lei e nos termos do presente contrato;

2- A Equipa de Orientadores Educativos será constituída na lógica do Projecto Fazer a Ponte e do Regulamento Interno da Escola, nos seguintes termos:

a) será priorizada a adequação e polivalência funcionais dos orientadores educativos em detrimento de quaisquer critérios formais de aptidão habilitacional ou curricular, tendo em conta as necessidades de efectiva diversificação e qualificação do trabalho pedagógico em equipa;

b) a vinculação dos orientadores educativos à Escola far-se-á por referência ao Projecto e numa base contratual;

c) a avaliação do desempenho dos orientadores educativos com base no perfil anexo ao Projecto terá uma periodicidade anual e será realizada nos termos do Regulamento Interno.

3- Os orientadores educativos que aceitem exercer funções na Escola assumirão, contratualmente, o compromisso de cumprir e fazer cumprir o Projecto Educativo e o Regulamento Interno, reconduzindo a estes documentos as normas atinentes do Estatuto da Carreira Docente e demais legislação aplicável que não se adequem à especificidade da organização e das práticas educativas da Escola, designadamente, em matéria de horário de trabalho, exercício de cargos, polivalência de funções, trabalho em equipa, avaliação de desempenho, formação permanente, faltas e reduções da componente lectiva.

4- O contrato a celebrar entre os orientadores educativos e a Escola, elaborado nos termos do número anterior, obedecerá ao clausulado anexo ao presente Contrato de Autonomia.

5- Sem prejuízo dos direitos adquiridos pelos professores que dele fazem parte, o Quadro da Escola será extinto logo que vaguem, por morte, aposentação ou transferência dos respectivos titulares, todos os lugares que o integram; até à extinção do Quadro, não serão criadas novos lugares, nem providas os que, entretanto, forem vagando.

Cláusula Sétima
EQUIPA DE ORIENTADORES EDUCATIVOS

No desenvolvimento dos princípios enunciados na cláusula anterior, a constituição da equipa de orientadores educativos da Escola obedecerá ao seguinte faseamento e aos seguintes critérios:

1- Todos os anos, durante o mês de Maio, o Conselho de Gestão da Escola submeterá à apreciação do Director Regional de Educação uma proposta fundamentada de constituição da equipa para o ano lectivo subsequente.

2- A proposta de equipa deverá obrigatoriamente conter:

a) A indicação do nome, categoria, situação e funções de todos os orientadores educativos ao serviço da Escola;

b) A relação dos alunos a frequentar a Escola, com a indicação da respectiva idade, do ano de escolaridade em que se encontrem formalmente matriculados e, quando for o caso, dos principais handicaps que imponham uma intervenção psico-pedagógica ou socio-educativa diferenciada relativamente a alunos ditos com "necessidades educativas especiais";

c) A projecção, justificada, do número de alunos que a Escola estima que se deverão matricular no ano lectivo subsequente, por anos de escolaridade;

d) A indicação, devidamente fundamentada, das valências curriculares, de intervenção psico-pedagógica ou sócio-educativa que a Escola pretenda preencher ou reforçar no ano lectivo subsequente;

e) A indicação do nome, categoria, situação e funções dos orientadores educativos que a Escola pretenda integrar na equipa no ano lectivo subsequente, por ordem de prioridade.

3- Na apreciação da proposta, a Administração Educativa valorizará os seguintes aspectos:

a) A congruência da proposta com o Projecto Educativo, o Regulamento Interno da Escola e o presente Contrato de Autonomia;

b) A coerência e adequação da fundamentação apresentada, face às características da população escolar e aos objectivos enunciados;

c) A ratio tutor/aluno e a necessidade de preenchimento ou reforço de valências carenciadas;

d) A projecção do número total de alunos e dos alunos ditos "com necessidades educativas especiais";

e) O equilíbrio da equipa no conjunto das diversas dimensões e valências contempladas na proposta.

4- No ano terminal de vigência do presente Contrato, a equipa de orientadores educativos da Escola será definida em função da aplicação dos seguintes ratios globais tutor/alunos:

a) Relativamente a alunos ditos sem "necessidades educativas especiais" : 1 tutor para cada 10 alunos;

b) Relativamente a alunos ditos com "necessidades educativas especiais" : 1 tutor para cada 5 alunos.

5- Para os efeitos previstos no presente Contrato, serão considerados alunos com "necessidades educativas especiais" todos aqueles que manifestem, de modo sistemático e com carácter prolongado, limitações ou incapacidades graves ao nível das funções ou das estruturas do corpo, nos domínios auditivo, visual, cognitivo, comunicacional ou relacional, que claramente constituam handicaps à equilibrada inserção dos mesmos na comunidade escolar e que afectem gravemente os processos individuais de aprendizagem.

6- A identificação dos alunos ditos com "necessidades educativas especiais" caberá à equipa de orientadores educativos, em diálogo com o Centro de Apoio Social Escolar de Vila das Aves e, muito particularmente, em articulação com os psicólogos, pedo-psiquiatras, técnicos de serviço social ou outros técnicos qualificados que tenham avaliado ou acompanhem os alunos e com base nos relatórios por eles elaborados.

Cláusula Oitava
OFERTA EDUCATIVA

1- Pelo presente Contrato, a Escola da Ponte compromete-se a:

a) A adequar o Projecto Educativo à educação pré-escolar, integrando esta no Núcleo de Iniciação, nos termos do respectivo Regulamento Interno, logo que a Carta Educativa de Santo Tirso contemple e viabilize o alargamento do Projecto Fazer a Ponte à educação pré-escolar;

b) A adequar o Projecto Educativo ao primeiro ciclo do ensino secundário (ex-terceiro ciclo do ensino básico), logo que a Administração Educativa considere reunidas as condições que permitam o alargamento do Projecto Fazer a Ponte ao referido nível de ensino;

c) A aceitar a matrícula das crianças cujos encarregados de educação, expressamente, se comprometam a cumprir e a fazer cumprir o Código de Conduta Educativa, anexo ao Regulamento Interno da Escola e ao presente Contrato, independentemente da área geográfica de residência ou trabalho dos mesmos;

d) Oferecer aos alunos, nos termos do Projecto Educativo da Escola, um programa continuado, coerente e motivador de actividades curriculares e de enriquecimento do currículo que os possa ocupar diariamente, de acordo com as expectativas e as necessidades dos respectivos encarregados de educação, até, pelo menos, às 18:00 horas;

e) Oferecer aos alunos, em parceria com a Associação de Pais e outras entidades, um programa coerente e formativamente enriquecedor de actividades de ocupação dos tempos livres, nos períodos de interrupção das actividades lectivas.

2- Pelo presente Contrato, o Ministério da Educação e a Câmara Municipal de Santo Tirso, na exercício das respectivas atribuições, comprometem-se solidariamente a:

a) Integrar na Carta Educativa de Santo Tirso a projecção de alargamento do Projecto Fazer a Ponte à educação pré-escolar até ao ano lectivo de 2005/2006;

b) Providenciar no sentido da afectação à Escola da Ponte de instalações adequadas, nos termos da cláusula seguinte;

c) Providenciar no sentido da afectação à Escola dos demais recursos indispensáveis à concretização da sua oferta educativa.

Cláusula Nona
INSTALAÇÕES

1- No ano lectivo de 2004/2005, a Escola da Ponte continuará a utilizar as instalações que, à data de celebração do presente contrato, lhe estão afectas, incluindo o edifício sito na Rua Manuel Afonso da Silva, nº91, em Vila das Aves, disponibilizado pela Câmara Municipal de Santo Tirso.

2- No ano lectivo de 2004/2005, o Ministério da Educação e a Câmara Municipal de Santo Tirso proporcionarão, solidariamente, à Escola da Ponte a utilização de instalações adequadas que lhe permitam oferecer a todos os alunos actividades de expressão físico-motora ou de educação física.

3- Durante o ano lectivo de 2004/2005, o Ministério da Educação e a Câmara Municipal de Santo Tirso procederão ao reordenamento da rede educativa de Vila das Aves, por forma a que, no parque escolar existente, possam ser afectas à Escola da Ponte instalações que lhe permitam concretizar, de uma forma coerente e qualificada, a sua oferta educativa, tendo em conta, nomeadamente, nesta matéria, as conclusões e recomendações apresentadas superiormente pela Comissão de Avaliação Externa do Projecto Fazer a Ponte.

4- Até ao início do ano lectivo de 2005/2006, o Ministério da Educação e a Câmara Municipal de Santo Tirso realizarão nas instalações a afectar à Escola da Ponte as obras de beneficiação e adaptação que se revelem indispensáveis à plena concretização da oferta educativa prevista no presente Contrato e de acordo com o tipo de ocupação prevista no número seguinte.

5- No ano lectivo de 2005/2006, a Escola da Ponte utilizará as seguintes instalações:

a) As correspondentes ao primitivo Edifício P3 sito ao Largo Dr. Braga da Cruz, onde decorrerão as actividades do Núcleo de Iniciação;

b) As correspondentes ao edifício sito na Rua Manuel Afonso da Silva, nº91, onde ficarão sediados os Órgãos de Direcção e Gestão da Escola, a Associação de Pais, os Serviços de Administração Escolar e o Arquivo Histórico;

c) As que entretanto venham a ser afectas à Escola, nos termos dos nºs 2 e 3, onde decorrerão as actividades dos Núcleos de Consolidação e Aprofundamento e as actividades de expressão físico-motora ou de educação física.

Cláusula Décima
RECURSOS FINANCEIROS

1- No âmbito do presente Contrato, o Ministério da Educação compromete-se a dotar a Escola da Ponte com os recursos financeiros indispensáveis à concretização da sua oferta educativa, reconhecendo e valorizando a capacidade demonstrada pela Escola para, através de projectos, da venda de bens e serviços e da captação na comunidade de recursos adicionais, ampliar e diversificar as suas fontes de financiamento.

2- No desenvolvimento do princípio enunciado no número anterior, o Ministério da Educação compromete-se a dotar os Blocos B e D do Orçamento anual da Escola com uma verba global que não poderá ser inferior a três vezes o montante dos recursos financeiros colocados à disposição da Escola pelos Pais/Encarregados de Educação, através da respectiva Associação, e inscritos no competente Orçamento de Despesas com Compensação em Receita.

Cláusula Décima Primeira
ACOMPANHAMENTO E MONITORIZAÇÃO

1- A Escola da Ponte, o Ministério da Educação, a Câmara Municipal de Santo Tirso e a Junta de Freguesia de Vila das Aves constituirão uma estrutura permanente de ligação, denominada Comissão de Acompanhamento e Promoção da Autonomia da Escola da Ponte, que terá as seguintes competências:

a) Monitorizar o cumprimento e a aplicação do presente Contrato e acompanhar o desenvolvimento do processo de autonomia da Escola;

b) Monitorizar o processo de auto-avaliação da Escola;

c) Propor a realização de quaisquer estudos especializados no âmbito da avaliação externa da Escola;

d) Apreciar e aprovar os relatórios anuais de avaliação interna do desenvolvimento do processo de autonomia da Escola;

e) Emitir parecer sobre as propostas de alteração do presente Contrato;

f) Aprovar o seu Regimento.

2- A Comissão referida no número anterior terá a seguinte composição:

a) O Presidente do Conselho de Direcção da Escola;

b) O Presidente do Conselho de Gestão da Escola;

c) O Coordenador Geral do Projecto Fazer a Ponte;

d) Um representante da Direcção Regional de Educação do Norte, por esta nomeado;

e) Um representante da Câmara Municipal de Santo Tirso, por esta nomeado;

f) Um representante da Junta de Freguesia de Vila das Aves, por esta nomeado.

3- A Comissão de Acompanhamento e Promoção da Autonomia da Escola da Ponte será instalada nos noventas dias subsequentes à assinatura do presente Contrato e reunirá com a periodicidade que vier a ser definida no respectivo Regimento.

4- A primeira reunião da Comissão será convocada pelo Director Regional de Educação do Norte.

Compromisso de Honra Educativo

Eu, ______________________________, abaixo-assinado(a), declaro estar disponível para exercer as funções de orientador(a) educativo(a) na Escola da Ponte, assumindo o compromisso de:

1- Cumprir e fazer cumprir o Projecto Educativo e o Regulamento Interno da Escola, aceitando reconduzir a estes documentos e aos princípios neles enunciados as normas atinentes do Estatuto da Carreira Docente e demais legislação aplicável que não se adequem à especificidade da organização e das práticas educativas da Escola.

2- Desempenhar as funções que me sejam atribuídas, tendo por referência o perfil do orientador educativo anexo ao Projecto Educativo da Escola.

3- Participar nas reuniões ordinárias e extraordinárias dos órgãos que vier a integrar e, uma vez por mês, na reunião geral da equipa com os pais/encarregados de educação.

4- Dialogar e colaborar estreitamente com os encarregados de educação dos alunos confiados à minha tutoria, disponibilizando-me para reunir e trabalhar com eles sempre que necessário ou solicitado.

5- Adequar o meu plano individual de formação à estratégia e às prioridades de formação contínua aprovadas pelo Conselho de Projecto.

6- Participar solidariamente no processo de avaliação anual do desempenho dos orientadores educativos e retirar todas as consequências dos resultados da avaliação que me digam respeito.

7- Informar o Conselho de Gestão, até ao final do mês de Abril, da minha disponibilidade para continuar ou não a exercer funções na Escola no próximo ano lectivo.

Vila das Aves, __ de Setembro de 200__

O Orientador Educativo

Código de Conduta Educativa

Nome do(a) Encarregado(a) de Educação:

Nome do(a) Educando(a):

Eu, abaixo-assinado(a), declaro, no acto de matrícula do(a) meu(minha) educando(a) na Escola da Ponte, que cumprirei e respeitarei o presente Código de Conduta Educativa, assumindo o compromisso de:

1- Cumprir e fazer cumprir o Projecto Educativo e o Regulamento Interno da Escola.

2- Solicitar a minha admissão como membro da Associação de Pais/Encarregados de Educação da Escola da Ponte, cumprir os seus estatutos e participar nas reuniões para que seja convocado.

3- Desempenhar com lealdade e dedicação as funções para que seja eleito e me sejam atribuídas, quer no âmbito dos órgãos de direcção da Escola, quer no âmbito da Associação de Pais/Encarregados de Educação.

3- Acatar, respeitar e cumprir as decisões legítimas dos órgãos de direcção e gestão da Escola e dos corpos sociais da Associação de Pais/Encarregados de Educação.

4- Dialogar e colaborar estreitamente com o(a) tutor(a) do(a) meu(minha) educando(a), disponibilizando-me para reunir com ele(a) sempre que necessário ou solicitado.

5- Participar na reunião mensal da equipa de orientadores educativos com os pais/encarregados de educação.

Referências bibliográficas

ALBUQUERQUE, Pedro Barbas. A Escola da Ponte: bem-me-quer, malmequer. In: ALVES, Rubem. *A Escola com que sempre sonhei sem imaginar que pudesse existir*. Campinas, SP: Papirus, 2001.

ALVES, Fernando. O pássaro no ombro. In: ALVES, Rubem *A Escola com que sempre sonhei sem imaginar que pudesse existir*. Campinas, SP: Papirus, 2001.

ALVES, Rubem. *A Escola com que sempre sonhei sem imaginar que pudesse existir*. Campinas, SP: Papirus, 2001/Porto: ASA, 2001.

AQUINO, Julio G. e SAYÃO, Rosely. Da construção de uma escola democrática: a experiência da EMEF Amorim Lima. *EccoS - Revista Científica*, vol. 6, n. 2., dez. 2004. São Paulo: Uninove.

AQUINO, Julio G. Os riscos da *pontefilia*. In: *Instantâneos da Escola Contemporânea*. Campinas, SP: Papirus, 2007.

ARAÚJO, D. *Encontro Entre Margens: Um olhar sobre uma escola na sua relação com a comunidade*. Dissertação de Mestrado em Ciências da Educação na especialidade de educação e diversidade cultural. Porto: FPCE-UP, 1999.

BALL, Stephen (1994). *Education Reform. A critical and post-structural approach. Buckingham*: Open University Press.

BARROSO, João (1998). "Descentralização e autonomia: devolver o sentido cívico e comunitário à escola pública". *Colóquio / Educação e Sociedade*, nº 4 (nova série), Outubro 98. Fundação Calouste Gulbenkian. (pp. 32-58)

BARROSO, João, (1997). "Perspectiva Crítica sobre a Utilização do Conceito de Qualidade do Ensino: Consequências para a investigação". *In Contributos da Investigação Científica para a Qualidade do Ensino*. Lisboa: Sociedade Portuguesa de Ciências da Educação (pp. 23-43)

BARROSO, João, (1999). "Regulação e autonomia da escola pública: o papel do Estado, dos professores e dos pais". *Inovação*, vol.12, nº3, 1999, pp. 9-33.

BARROSO, João. Escola da Ponte: defender, debater e promover a escola pública. In: CANÁRIO, Rui, MATOS, Filomena e TRINDADE, Rui (orgs.). *Escola da Ponte: um outro caminho para a Educação*. São Paulo: Editora Didática Suplegraf, 2004.

CANÁRIO, Rui. Uma inovação apesar das reformas. In: CANÁRIO, Rui, MATOS, Filomena e TRINDADE, Rui (orgs.). *Escola da Ponte: um outro caminho para a Educação*. São Paulo: Editora Didática Suplegraf, 2004.

CENTRO DE FORMAÇÃO CAMILO CASTELO BRANCO. Trabalho cooperativo e mudança de atitudes profissionais na escola do 1º ciclo do ensino básico. In: ALVES, Rubem. *A Escola com que sempre sonhei sem imaginar que pudesse existir*. Campinas, SP: Papirus, 2001.

COCHITO, I. *Representações e práticas de autonomia e cooperação na sala de aula: um estudo de professores e alunos do 1º ciclo*. Tese de Mestrado em Educação Intercultural. Lisboa: Universidade Católica, 1999.

DE SANTOS, Maria Emília Bredero. A escola do futuro. In: CANÁRIO, Rui, MATOS, Filomena e TRINDADE, Rui (orgs.). *Escola da Ponte: um outro caminho para a Educação*. São Paulo: Editora Didática Suplegraf, 2004.

DEB-ME. *Fórum Escolas, Diversidade, Currículo*. Lisboa: ME, 1999 (pp. 251-254).

DIAS, P. et al. *Actas da Segunda Conferência Internacional das TIC em Educação*. Braga: Universidade do Minho, 2001.

ESCOLA DA PONTE. *Fazer a Ponte – 1976/2001 – 25 anos de Projecto e de projectos*. Vila das Aves, Portugal: Escola da Ponte, 2001.

ESCOLA DA PONTE. *Fazer a Ponte (Projecto da Escola nº 1 da Ponte, Vila das Aves)*. Vila das Aves, Portugal: Escola da Ponte, 1996.

ESCOLA DA PONTE. *Fazer a Ponte: Projecto Educativo*. Vila das Aves, Portugal: Escola da Ponte, 2003.

ESCOLA DA PONTE. *Regulamento Interno*. Vila das Aves, Portugal: Escola da Ponte, 2003.

FERNANDES, Sônia R. de S. e LEITE, Carlinda. A constituição do projeto pedagógico da Escola da Ponte e suas relações com os movimentos curriculares e políticas educacionais em Portugal. In: ALMEIDA, Maria de L. P. de e FERNANDES, Sônia R. S. (orgs). *História da Educação e da Escola: olhar(es) luso-brasileiro(s)*. Campinas, SP: Mercado de Letras, 2010.

FERREIRA, Fernando Ilídio. Repensar a escola e o sentido do trabalho escolar. In: CANÁRIO, Rui, MATOS, Filomena e TRINDADE, Rui (orgs.). *Escola da Ponte: um outro caminho para a Educação*. São Paulo: Editora Didática Suplegraf, 2004.

FRANCO, J. et al. *Experiências Inovadoras no Ensino*. Lisboa: IIE-ME, 1999.

GEP/ME. *Da diversidade de contextos à diversidade de iniciativas*. Lisboa: ME, 1988.

HADDAD, Jane Patrícia. *O que quer a escola? Novos olhares possibilitam outras práticas*. Rio de Janeiro: Wak, 2009.

IIE/ME. *Educar Inovando, Inovar Educando*. Lisboa, IIE/MEC, 1990 (pp.81-82).

MACHADO, M. *A Comunicação na Escola*. Braga: IEC-UM, 1999.

MARQUEZAN, Reinoldo. Sobre a Ponte In: HENZ, Celso I., ROSSATO, Ricardo e BARCELOS, Valdo (orgs.). *Educação Humanizadora e os Desafios da Diversidade*. Santa Cruz do Sul: EDUNISC, 2009.

MENEZES, Isabel. Memórias de um projecto em forma de ponte. In: CANÁRIO, Rui, MATOS, Filomena e TRINDADE, Rui (orgs.). *Escola da Ponte: um outro caminho para a Educação*. São Paulo: Editora Didática Suplegraf, 2004.

NÓVOA, António. A educação cívica de António Sérgio vista a partir da Escola da Ponte (ou vice-versa). In: CANÁRIO, Rui, MATOS, Filomena e TRINDADE, Rui (orgs.). *Escola da Ponte: um outro caminho para a Educação*. São Paulo: Editora Didática Suplegraf, 2004.

OFFIAL, Patrícia. Formação de leitores do literário: uma experiência na Escola da Ponte, Dissertação de Mestrado, Univerdidade do Vale do Itajaí, 2012.

PACHECO, José e MOREIRA, Elisabete. E o 1º Ciclo? In: LEITE, Carlinda (org.). *Avaliar a Avaliação*. Porto: Edições ASA, 1995. (Coleção Cadernos Correio Pedagógico n. 14)

PACHECO, José e Pacheco, Maria F. A Escola da Ponte sob múltiplos olhares. Porto Alegre, Artmed, 2013

PACHECO, José e Pacheco, Maria F.. A Avaliação da Aprendizagem na Escola da Ponte. Belo Horizonte: WAK, 2012.

PACHECO, José, EGGERTSDÓTTIR, Rósa e MARINÓSSON, Gretar L. *Caminhos para a Inclusão: um guia para o aprimoramento da equipe escolar*. Porto Alegre: Artmed, 2007.

PACHECO, José. A escola dos sonhos existe há 25 anos em Portugal. In: ALVES, Rubem. *A Escola com que sempre sonhei sem imaginar que pudesse existir*. Campinas, SP: Papirus, 2001.

PACHECO, José. *Contributos para a compreensão dos círculos de estudos*. Dissertação (Mestrado em Ciências da Educação). Faculdade de Psicologia e de Ciências da Educação da Universidade do Porto. Porto, 1995.

PACHECO, José. Crônicas. Curitiba: Editora Nova Cultura, 2013.

PACHECO, José. Dicionário dos Valores em Educação. Porto Alegre: Edições SM, 2012.

PACHECO, José. *Escola da Ponte: formação e transformação da educação*. Petrópolis, RJ: Vozes, 2008.

PACHECO, José. Fazer a Ponte. In: CANÁRIO, Rui, MATOS, Filomena e TRINDADE, Rui (orgs.). *Escola da Ponte: um outro caminho para a Educação*. São Paulo: Editora Didática Suplegraf, 2004.

PACHECO, José. Fazer a Ponte. In: OLIVEIRA, Inês B. (org.). *Alternativas emancipatórias em currículo*. São Paulo: Cortez, 2004.

PACHECO, José. Inclusão não rima com solidão. Belo Horizonte: WAK, 2012.

PACHECO, José. Monodocência – Coadjuvação. In: Ministério da Educação – Departamento da Educação Básica. *Gestão Curricular no 1º Ciclo. Monodocência-Coadjuvação. Encontro de Reflexão*. Lisboa: Ministério da Educação, 2000.

PACHECO, José. Oito tópicos para uma reflexão. In: HENZ, Celso I. e ROSSATO, Ricardo (orgs.). *Educação Humanizadora na Sociedade Globalizada*. Santa Maria: Biblos, 2007.

PACHECO, José. Organizar a escola para a diversidade. In: GERALDI, Corinta M. G., RIOLFI, Claudia R. e GARCIA, Maria de F (orgs.). *Escola Viva: elementos para a construção de uma educação de qualidade social.* Campinas, SP: Mercado de Letras, 2004.

PACHECO, José. *Para Alice, com Amor.* São Paulo: Cortez, 2004.

PACHECO, José. *Para os Filhos dos Filhos dos Nossos Filhos.* Campinas, SP: Papirus, 2006.

PACHECO, José. *Pequeno Dicionário das Utopias da Educação.* Rio de Janeiro: Wak Ed., 2009.

PACHECO, José. *Pequeno Dicionário de Absurdos em Educação.* Porto Alegre: Artmed, 2009.

PACHECO, José. *Quando eu for grande quero ir à Primavera e outras histórias.* São Paulo: Editora Didática Suplegraf, 2003.

PACHECO, José. *Sozinhos na Escola.* São Paulo: Editora Didática Suplegraf, 2003.

PACHECO, José. Trans-formações. In: MARTINS, Angela M. S. e BONATO, Nailda M. da C. (orgs.). *Trajetórias Históricas da Educação.* Rio de Janeiro: Rovelle, 2009.

PACHECO, José. Um padre, um poeta e uma professora de francês. In: MOTA, Aldenira e PACHECO, Dirceu Castilho (orgs.). *Escolas em Imagens.* Rio de Janeiro: DP&A, 2005.

PACHECO, José. Uma Escola de "Área Aberta". In: TRINDADE, Rui. *As Escolas de Ensino Básico como Espaços de Formação Pessoal e Social.* Porto: Porto Editora, 1998.

PACHECO, Maria de F. D. de A. Escola da Ponte: um projecto de vida, um projecto para o mundo. In: HENZ, Celso I., ROSSATO, Ricardo e BARCELOS, Valdo (orgs.). *Educação Humanizadora e os Desafios da Diversidade.* Santa Cruz do Sul: EDUNISC, 2009.

SANTA ROSA, Cláudia S. R. Fazer a ponte para a escola de todos (as). Tese (Doutorado em Educação) – Programa de Pós-Graduação em Educação, Universidade Federal do Rio Grande do Norte, Natal, 2008.

SANTOS, Ademar Ferreira. As lições de uma escola: uma ponte para muito longe. In: ALVES, Rubem. *A Escola com que sempre sonhei sem imaginar que pudesse existir.* Campinas, SP: Papirus, 2001.

SARMENTO, Manuel. Reinvenção do ofício de aluno. In: CANÁRIO, Rui, MATOS, Filomena e TRINDADE, Rui (orgs.). *Escola da Ponte: um outro caminho para a Educação.* São Paulo: Editora Didática Suplegraf, 2004.

SAYÃO, Rosely e AQUINO, Julio G. Democracia: Abre as asas sobre nós. In: *Em Defesa da Escola.* Campinas, SP: Papirus, 2004.

SILVA, Andréa V. M. da e PACHECO, José. *Escola da Ponte Vila das Aves – Portugal.* Rio de Janeiro: Rovelle, 2011.

TRINDADE, Rui e COSME, Ariana. A construção de uma escola pública e democrática. In: CANÁRIO, Rui, MATOS, Filomena e TRINDADE, Rui (orgs.). *Escola da Ponte: um outro caminho para a Educação.* São Paulo: Editora Didática Suplegraf, 2004.

TYACK, David & CUBAN, Larry (1995). *Tinkering Toward Utopia. A Century of Public-School Reform*. Cambridge: Harvard University Press.

VASCONCELLOS, Celso dos S. Reflexões sobre a Escola da Ponte. *Revista de Educação AEC*. Brasília: outubro/dezembro de 2006 (n. 141).

VASCONCELLOS, Celso dos S. Sobre pontes e pinguelas: reflexões a partir da visita à Escola da Ponte. *Relatos: Semana de Estudos em Portugal*. Pueri Domus (SP), maio de 2006.

VASCONCELLOS, Celso dos S. Zona de Autonomia Relativa. In: *Currículo: A Atividade Humana como Princípio Educativo*, 3ª ed. São Paulo: Libertad, 2011.

VASCONCELOS, Teresa. Para que não interrompamos o projecto. In: CANÁRIO, Rui, MATOS, Filomena e TRINDADE, Rui (orgs.). *Escola da Ponte: um outro caminho para a Educação*. São Paulo: Editora Didática Suplegraf, 2004.

VIEIRA, Vergílio. As palavras são como as cerejas. Porto: Campo de Letras, 2001.

WHITTY, Geoff (2002). *Making Sense of Education Policy*. London: Paul Chapman Publishing.